TABLETTES
RÉVOLUTIONNAIRES

ou

¡RÉSUMÉ COMPLET

DE

L'HISTOIRE DES FRANÇAIS

DEPUIS L'OUVERTURE DES ÉTATS-GÉNÉRAUX, EN 1789, JUSQU'A NOS JOURS
Y COMPRIS L'ANNÉE 1848.

Par le Citoyen DEBRAY aîné.

Première Livraison.

PARIS,

CHEZ L'AUTEUR, 25, RUE NEUVE-SAINT-DENIS
ET CHEZ LES PRINCIPAUX LIBRAIRES

TABLETTES
RÉVOLUTIONNAIRES

OU

RÉSUMÉ COMPLET

DE

L'HISTOIRE DES FRANÇAIS,

DEPUIS L'OUVERTURE DES ÉTATS-GÉNÉRAUX, EN 1789, JUSQU'A NOS JOURS,

Y COMPRIS L'ANNÉE 1848.

Par le Citoyen DEBRAY aîné.

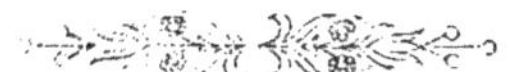

PARIS,

CHEZ L'AUTEUR, 25, RUE NEUVE SAINT-DENIS

ET CHEZ LES PRINCIPAUX LIBRAIRES.

Imprimerie Lacrampe et Fertiaux, rue Damiette, 2.

INTRODUCTION.

J'ai écrit ce Livre pour le Peuple : je le lui dédie. Par le *Peuple*, je comprends l'universalité des *bons citoyens*.

La publication de ce volume aura produit l'effet que je désire, si mon exemple engage les historiens modernes à rentrer dans la seule voie digne de l'histoire, la vérité.

Les *Romans* soi-disant *historiques* ont semé dans les masses des notions fausses.

L'Histoire de nos jours est assez dramatique pour se passer des broderies de l'imagination : les documents sont assez nombreux, assez accessibles pour ôter à l'écrivain tout prétexte d'erreur, à plus forte raison de mensonge.

Il ne m'a fallu ni science ni talent pour composer ces *Tablettes*. C'est une œuvre de patience, une compilation impartiale. Je n'ai pas eu d'autre dessein que celui de présenter à mes frères un relevé des faits.

Ce *Memento* est incomplet peut-être ; il est toujours exact.

J'ai semé çà et là quelques réflexions : la faute est imputable à mes sentiments démocratiques.

Aujourd'hui tout le monde s'occupe de *politique* et de *socialisme :* en présence des grands débats qui agitent la société, la neutralité n'est pas permise à un bon citoyen.

On se réunit et l'on discute à l'atelier, dans les salons, dans les clubs, et savoir est tout à la fois un besoin et un devoir. L'ignorance des faits serait une faute.

La connaissance du passé donne l'expérience dans le présent ; c'est la garantie de l'avenir.

A ceux qui m'ont conseillé cette publication je donne une preuve de déférence.

A ceux qui la liront, je demande indulgence pour la forme en faveur du fond.

A ceux qui la jugeront utile, j'adresse la prière de la propager.

A ceux qui la critiqueront, je demande sincèrement : Pourquoi ? leur réponse pourra me guider dans mes travaux futurs, et d'avance ils ont droit à ma reconnaissance.

A tous, je dis : c'est la première fois que je signe un livre. Que *le Peuple* l'accueille, il aura généreusement récompensé les efforts de l'un des plus fervents apôtres de la démocratie.

DIVISION DE L'OUVRAGE.

Un volume grand in-8° de 960 pages à double colonne.

Le volume est divisé en 66 livraisons.

Chaque livraison renferme une année complète.

Chaque année est repartie entre neuf chapitres dont voici le sommaire.

1er *Mouvement intérieur*. — Nous suivrons pas à pas, jour par jour, ce grand et laborieux enfantement de la *Révolution Française*, dont chaque secousse nous rapproche de la solution.

2e *Législation politique*. — C'est-à-dire, la date précise et l'objet des Lois, Chartes, Décrets, Arrêtés et Ordonnances des Gouvernements qui se sont succédé. Ce chapitre ne commencera qu'à la troisième Livraison, celle de 1791, la *Constitution* décrétée par la Constituante étant le point de départ de la législation actuelle.

3e *Relations extérieures*. — Les rapports d'Etat à Etat, les traités de paix, de commerce ou d'alliance, les ruptures, les délimitations, accroissements et abandons de territoires, enfin ce qu'on est convenu d'appeler la *Diplomatie*, fourniront la matière de ce chapitre.

4e *Faits d'armes*. — Nous nous consolerons par le récit de nos exploits militaires des haltes diverses de la liberté, stations imposées par le *despotisme* et ennoblies par *l'honneur*. D'ailleurs, la *Gloire* et la *Liberté* sont sœurs, et celle-là se prévalait de son droit d'aînesse. A présent elles sont jumelles inséparables. Batailles, combats, escarmouches, retraites, victoires ou défaites, ce chapitre ne laissera aucun vide à combler.

5e *Galerie Révolutionnaire*.—Quand un nom nouveau grossira la liste des acteurs de l'époque, il trouvera sa place dans le tableau des célébrités, dressé par année, soit par livraisons. La réminiscence des personnages vient en aide à la mémoire des événements.

6e *Nécrologie*. — Nous saluerons les morts à leur départ : nous leur dirons s'ils ont bien mérité de la patrie. S'ils doivent être voués au mépris ou à l'exécration, nous le leur dirons encore, car l'historien seul a le droit de fouiller dans les cendres humaines sans être accusé de profanation.

7e *Jalons de l'Histoire*. — Ce titre dit tout : ce sera le calepin du lecteur.

8e *Citations historiques*. — Nous rappellerons les mots remarquables authentiques, les pensées profondes des orateurs et des publicistes illustres, les actes isolés dignes d'être transmis à la *postérité*.

9e *Résumé*. — Quelques lignes réduiront les détails à la plus simple expression d'ensemble.

Enfin, la combinaison du cadre offre un avantage mnémotechnique incontestable.

TABLETTES

RÉVOLUTIONNAIRES.

ANNÉE 1789.

CHAPITRE PREMIER. — MOUVEMENT INTÉRIEUR.

5 MAI. — *Ouverture des États-Généraux à Versailles.* — C'est la première scène de ce grand drame dont le dénoûment doit se faire attendre soixante ans... et encore!!! Les nobles, les prêtres et les bourgeois sont convoqués pour aviser au moyen de sauver la royauté et soulager le peuple. Car, après *quatorze cents ans* de misère, d'esclavage et d'abrutissement, sous le charme des prédications palpitantes de la phalange philosophique, précurseur de la révolution, le peuple se lève enfin, et dit à la royauté : A nous deux! Louis XVI, en personne, assiste à cette séance. De constitution, de réformes, pas un mot. Des promesses à condition d'obéissance. Necker, directeur général des finances, révèle l'état du Trésor; il confesse cinquante-cinq millions de déficit. Le besoin d'argent, tel est le principal motif de la convocation des États-Généraux. Malheureusement, pour la cour et l'aristocratie, sur les bancs des *costumes noirs*, sobriquet du Tiers-État, une jeune et vigoureuse fille a pris place... la Liberté.

17 JUIN. — Dès le 6 mai, division entre les trois ordres. La *Noblesse* et le *Clergé* veulent le vote par ordre; le *Tiers-État* réclame le vote par tête. Or, le Tiers compte six cents membres, nombre égal à celui des deux autres ordres réunis. La Noblesse et le Clergé insistent pour la vérification des pouvoirs par ordre; prétention contraire et rationnelle du Tiers, qui demande le vote par tête. En effet, y a-t-il une ou trois assemblées?

Conférences entre les trois ordres, invitations de se réunir, adresses au roi, irritations de la cour, insolences de la Noblesse, incertitude du Clergé, humiliations du Tiers-État, telle est l'histoire de *quarante-deux jours.* Le 17 juin, le Tiers, fatigué de son inaction, se constitue et devient l'*Assemblée Nationale.*

19. — L'Assemblée Nationale inaugure ses travaux par la création de quatre comités : comité de subsistances; comité de vérification et contentieux; comité de rédaction; comité de réglement.

Enfin! la machine se met en mouvement à la grande colère de la cour et de la Noblesse. Quant au Clergé, le même jour, 19, il a décidé que le lendemain 20 juin, il se réunirait au Tiers-État.

20. — *Séance du jeu de Paume.* — Dès le matin, la salle ordinaire des séances est occupée par les gardes-françaises. Le roi fait publier l'avis d'une séance royale pour le 22. L'entrée est interdite aux députés. Que feront ceux du Tiers? Se sépareront-ils? Non. Un jeu de paume est proche; c'est là, rue Saint-François, qu'ils vont siéger sous la présidence de Bailly, et prêter le serment suivant : « Nous jurons de ne jamais nous séparer de « l'Assemblée Nationale, et de nous réunir partout « où les circonstances l'exigeront, jusqu'à ce que « la constitution du royaume soit établie et affer- « mie sur des fondements solides. » Un seul membre, Martin d'Auch, signe *opposant*, et sa signature est conservée comme témoignage de respect à la liberté des opinions. La réunion du jeu de Paume est le premier coup de canon d'alarme de la révolution : le palais de Versailles en est ébranlé jusque dans ses fondements. A dater de ce jour, l'Assemblée *Nationale* devient l'Assemblée *Constituante.*

23. — *Séance royale.* — Louis XVI vient tout simplement annuler et casser les décisions prises par le Tiers, confirmer la séparation des Ordres, exclure le public des salles des délibérations, indiquer les objets qu'il sera permis de discuter, déclarer que jusqu'à présent il a su faire seul le bonheur de ses peuples, et conclure à la séparation immédiate de l'Assemblée... Bref, le roi s'amuse! Il rentre au palais, suivi de la Noblesse, de la minorité du Clergé. Le peuple le regarde passer sans proférer un cri. Silence toujours significatif et jamais compris! Après son départ, le marquis de Dreux-Brézé, grand-maître des cérémonies, rappelle l'*ordre du roi.* Le tonnerre, sous la forme de Mirabeau, le frappe à la face de ces audacieuses paroles : ● Allez dire à votre maître que nous

« sommes ici par la volonté du peuple, et que nous « n'en sortirons que par la puissance des baïon- « nettes. » Puis l'Assemblée décrète le maintien de ses précédents arrêtés et l'*inviolabilité* de ses membres.

25. — *Serment des gardes-françaises.* — L'agitation de Versailles a gagné la capitale, et les provinces s'émeuvent à leur tour. Paris, dont la fermentation va croissant, fait lever une consigne des gardes françaises. Ceux-ci se répandent aux cris de *vive le Tiers-État! vive la Nation!* et jurent de ne jamais tirer sur le peuple. Encore une pierre qui se détache du monument royal!

27. — *Réunion des trois Ordres.* — L'Assemblée adopte et gardera le titre d'*Assemblée Constituante.* La Noblesse a fait contre fortune bon cœur : elle cède. Le torrent révolutionnaire est en route : rien ne saurait désormais l'arrêter. Le plus sage serait de le suivre dans sa marche, afin de le diriger : mais sagesse et puissance sont incompatibles. Cependant, malheur à qui tentera d'opposer une digue ! il y périra.

6 JUILLET. — *Décret d'un comité de constitution.* — Les troupes abondent à Versailles et dans les environs. Les indiscrets de la Cour révèlent les dangers qui menacent la Représentation nationale. L'Assemblée, impassible, reçoit chaque jour des députations de Paris, qui, pour demander justice, qui, pour obtenir relaxation des prisonniers : elle s'occupe des finances et des vivres. Chaque bureau de l'Assemblée, il y en a trente, désigne un membre à l'effet de composer le comité de constitution.

9. — La Constituante, sur une motion de Mirabeau, a voté une adresse énergique au roi pour demander *l'éloignement des troupes.* Le même jour, Mounier lit un rapport sur les bases de la constitution. Il se résume en ces points :
Déclaration des droits de l'homme.
Principes de la monarchie.
Droits de la nation.
Droits du roi.
Droits des citoyens sous le gouvernement français.
Organisation et fonctions de l'Assemblée nationale.
Formes nécessaires pour l'accomplissement des lois.
Organisation et fonctions des assemblées provinciales et municipales.
Principes, obligations et limites du pouvoir judiciaire.
Fonctions et devoir du pouvoir militaire.
Quel pas de géant! L'homme avant la monarchie, la nation avant le roi! O bon plaisir, où es-tu ?

11. — Mirabeau propose et l'Assemblée décrète un *comité des finances* : il est de 62 membres. Le roi refuse de renvoyer les troupes : il exile Necker, le

ministre aimé du peuple, en renvoie trois autres, et nomme en remplacement MM. le maréchal de Broglie, de Breteuil, de la Porte et Foulon.

12. — Paris demande une *garde bourgeoise.* De tous côtés le peuple court aux armes. Les armuriers sont pillés, les barrières incendiées. L'émeute a ses généraux et ses orateurs... un surtout... *Camille Desmoulins!* L'insurrection adopte la cocarde blanche et verte ; l'Hôtel-de-Ville arrête la cocarde nationale bleue et rouge.

13. — Le peuple dévaste Saint-Lazare, où se trouvent des farines, et force le garde-meuble, où il enlève des armes. Il met en liberté les prisonniers pour dettes, fabrique des piques, sonne le tocsin, dépave et barricade les rues. Chacun se prépare au combat. A Versailles, l'Assemblée est en permanence. Elle envoie au roi message sur message. C'est en vain. *Le roi ne veut pas céder.* N'a-t-il pas ses Suisses, ses gardes du corps, sa cavalerie, ses fantassins, son artillerie, ses courtisans, sa maison? Et si tout cela était insuffisant à corriger la populace qui ose donner des ordres en exprimant des vœux, *n'a-t-il pas la Bastille?* Non, il ne créera pas de gardes bourgeoises; il ne rappellera pas Necker, et continuera de s'entourer de troupes.

14. — Le peuple prend la Bastille, et l'Hôtel-de-Ville organise la milice bourgeoise. Le roi va rappeler Necker et consent à l'éloignement des troupes. Le matin, Camille Desmoulins fit proscrire la couleur verte. C'est celle d'un traître, du comte d'Artois, dit-il, et l'on adopte les couleurs de la ville, rose et bleu. *Launay,* gouverneur de la forteresse, est tué au pied de l'escalier de l'Hôtel-de-Ville. *Flesselles,* prévôt de Paris, convaincu de trahison, est renversé d'un coup de pistolet au bout de la place : leurs têtes sont promenées dans Paris au bout d'une pique.

15. — Louis XVI vient supplier l'Assemblée de prendre des mesures propres à ramener *l'ordre* dans la capitale.

16. — *Rappel de Necker.* — Bailly proclamé maire de Paris; Lafayette, commandant de la garde bourgeoise. La garde bourgeoise prendra bientôt le nom de *garde nationale* : mais elle demeurera garde bourgeoise en fait, car les grands intérêts moraux et matériels de la société seront sacrifiés par elle à l'intérêt exclusif d'une caste : *la bourgeoisie.* Au nom de l'ordre, la garde bourgeoise laissera tout périr... honneur et liberté. Au nom de l'ordre, elle livrera la Montagne aux Thermidoriens, la République au Consulat, le Consulat à l'Empire. Un jour même, au nom de l'ordre, elle abandonnera le roi de ses prédilections. Ce n'est qu'au *vingt-quatre février* 1848 que le peuple et la bourgeoisie également armés représenteront sincèrement la garde naturelle de la nation, la garde nationale. Illusion d'un jour ! Incontinent, deux partis se dessineront dans cette milice : le parti des

bourgeois et le parti des ouvriers. Triste distinction, enfantée par la morgue et la peur, établie au nom de l'ordre. Tant que la liberté prêchera la guerre sainte contre le *privilége* et ses partisans; tant que l'ordre, sentinelle avancée des écus, ralliera les siens à la bannière de l'*égoïsme*, l'ordre et la liberté feront mauvais ménage. Leur alliance est le rêve de la *Fraternité* : à quand la réalisation? — Le même jour *émigration* des ducs d'Artois et d'Enghien... C'est le signal.

17. — Louis XVI se rend à Paris. Quoi que dise le *Moniteur* du temps, le roi est accueilli par un *morne silence*; il doit passer sous une voûte d'épées et de piques pour monter les marches du perron de l'Hôtel-de-Ville. Il accepte la cocarde nationale, maintenant bleue, rouge et blanche. L'addition du blanc a été proposée par Lafayette.

22. — Meurtre du ministre Foulon et de son gendre Berthier, intendant de Paris, tous les deux accusés, jugés et condamnés par le Palais-Royal; le premier, pour avoir dit qu'*il fallait faire manger du foin au peuple*: le second, pour avoir *volé le roi et la France, dévoré la substance du peuple, tyrannisé les pauvres et bu le sang de la veuve et de l'orphelin.*

26. — Le drapeau *tricolore* est combiné ainsi : le rouge, couleur du peuple, à la hampe; le bleu, du clergé, au milieu; le blanc à l'extrémité. Plus tard, Napoléon intervertira les couleurs en plaçant à la hampe le bleu, le rouge à l'extrémité. Plus tard encore, un gouvernement provisoire, issu d'une révolution démocratique, préférera le drapeau de *l'empire* à celui de *notre première république.*

28. — L'énergie de l'Assemblée, le retour de Necker, l'éloignement des troupes, contribuent à rétablir un moment de calme. D'un autre côté, la circulation des grains est interceptée, la famine menace. Les accapareurs de grains sont traqués, quelques-uns pendus. Les représentants du peuples travaillent sans relâche. Aujourd'hui, création de deux comités. L'un *des rapports*, composé de trente membres, auxquels seront renvoyés tous les mémoires, plaintes et adresses... pour en faire le rapport à l'Assemblée, s'il y a lieu; l'autre, *des recherches*, composé de douze membres, devant se procurer la connaissance des auteurs des complots internes et externes qui affligent le royaume. Avis aux *accapareurs* et aux *émigrés.*

4 Août. — *Abolition des priviléges.* — L'Assemblée discourait sur la déclaration des droits et la constitution. Les nouvelles de province annoncent que des troubles sérieux ont éclaté sur plusieurs points; une séance du soir est indiquée pour le 4. Tout à coup, sur une motion du vicomte de Noailles, l'Assemblée entière, par un mouvement électrique, proclame le principe du sacrifice *de chacun* en faveur *de tous*: elle donne l'exemple. C'est à qui déposera sa fortune, à qui abandon-

nera ses droits de privilégiés. Noblesse et Clergé rivalisent dans cette œuvre transmise à la postérité sous le titre de *nuit du 4 août*. Quel compte rendu peut égaler en éloquence le résumé suivant, textuellement extrait du *Moniteur* :

« Abolition de la qualité de serf et de la main-« morte, sous quelque dénomination qu'elle existe.

« Faculté de rembourser les droits seigneuriaux.

« Abolition des juridictions seigneuriales.

« Suppression du droit exclusif de la chasse, des « colombiers, des garennes.

« Taxe en argent, représentation de la dîme, ra-« chat possible de toutes les dîmes, de quelque « espèce que ce soit.

« Abolition de tous priviléges et immunités pé-« cuniaires.

« Égalité des impôts, de quelque espèce que ce « soit, à compter du commencement de l'année « 1789, suivant ce qui sera réglé par les Assem-« blées provinciales.

« Admission de tous les citoyens aux emplois « civils et militaires.

« Déclaration de l'établissement prochain d'une « justice gratuite, et de la suppression de la vé-« nalité des offices.

« Abandon du privilège particulier des pro-« vinces et des villes. Déclaration des députés qui « ont des mandats impératifs, qu'ils vont écrire à « leurs commettants pour solliciter leur adhésion.

« Abandon des priviléges de plusieurs villes, « Paris, Lyon, Bordeaux, etc.

« Suppression du droit de déport et vacat, des « annates, de la pluralité des bénéfices.

« Destruction des pensions obtenues sans titres.

« Réformation des jurandes.

« Une médaille frappée pour éterniser la mé-« moire de ce jour.

« Un *Te Deum* solennel, et l'Assemblée natio-« nale en députation auprès du roi, pour lui porter « l'hommage de l'Assemblée et le titre de Restau-« rateur de la Liberté française, avec prière d'as-« sister personnellement au *Te Deum*.

« Dans cette séance éternellement mémorable, « la *féodalité* a rendu le dernier soupir. »

7. — Les ministres, négligeant pour la première fois les lois de l'étiquette, entrent instantanément dans l'Assemblée, au milieu de la séance.

Le ministère se composait alors de :

MM. l'archevêque de Bordeaux, garde des sceaux:
    le prince de Beauvau, conseiller.
    de Saint-Priest, conseiller.
    de la Tour-du-Pin-Paulin, ministre de la
      guerre.
    Necker, ministre des finances.
    de Montmorin, chargé des relations exté-
      rieures.
    de la Luzerne, conseiller.
    l'archevêque de Vienne, chargé de la feuille
      des bénéfices.

L'archevêque de Bordeaux dit en substance :

« On envoie la terreur et les alarmes partout où « l'on ne peut envoyer des déprédateurs: la licence

« est sans frein, les lois sans force, les tribunaux
» sans activité ; la désolation couvre une partie de
» la France et l'effroi l'a saisie tout entière ; le
» commerce et l'industrie sont suspendus, et les
» asiles de la piété même ne sont plus à l'abri de
» ces emportements meurtriers. » Il demande enfin
que « l'Assemblée unisse ses efforts à ceux du roi
» pour rendre à la force publique son *énergie*, au
» pouvoir judiciaire son *activité*, aux deniers pu-
» blics leur *cours nécessaire et légitime.* »

Necker, à son tour, demande un emprunt de
30 *millions*, afin de pourvoir aux besoins indis-
pensables du moment. Renvoi au *comité des finances* pour l'examen des recettes et des dépenses. Ce comité pourra remarquer un article
concernant le duc d'Artois : ses jardins, ses chevaux, ses chiens et ses maîtresses, coûtent *par
mois* 120,000 livres.

9. — L'Assemblée décrète l'emprunt de 30 millions à 4 1/2 pour 100, sans retenue.

12. — Création d'un *comité féodal*, composé de
cinq membres et chargé de faire exécuter les décrets de la nuit du 4 août.

13. — Louis XVI accepte le titre de *Restaura-
teur de la Liberté française.*
Création d'un *comité ecclésiastique.*

14. — Établissement des *archives du royaume.*
La garde en est confiée à Camus, député.

17. — *Amnistie royale* pour tous les soldats et
matelots qui ont quitté leurs drapeaux ou leurs
corps sans congé, depuis le mois de janvier dernier.

18. — Mirabeau, à propos de différents soupçons des députés patriotiques sur son immoralité
politique, s'exprime ainsi :
« Sans doute, dans le cours d'une jeunesse très-
» orageuse, par la faute des autres, et surtout par
» la mienne, j'ai eu de grands torts, et peu
» d'hommes ont, dans leur vie privée, donné plus
» que moi prétexte à la calomnie, pâture à la mé-
» disance; mais j'ose vous en attester tous : nul écri-
» vain, nul homme public n'a plus que moi le droit de
» s'honorer de sentiments courageux, de vues désin-
» téressées, d'une fière indépendance, d'une unifor-
» mité de principes inflexibles. Ma prétendue
» supériorité dans l'art de vous guider vers des
» buts contraires est donc une injure vide de sens,
» un trait lancé du bas en haut, que trente vo-
» lumes repoussent assez pour que je dédaigne de
» m'en occuper. »

21. — *L'égalité absolue* des citoyens est décrétée
par l'Assemblée constituante.

26. — L'Assemblée adopte la *déclaration des
droits de l'homme et du citoyen*, présentée par
Mirabeau. Elle se compose de dix-sept articles, et
devra précéder la constitution. Le texte n'ayant

pas été altéré, lors de la promulgation en 1791, je
crois utile de le reproduire ici. C'est le premier
manifeste social dont notre patrie a doté le monde;
c'est un digne préliminaire à l'immortelle déclaration que nous recevrons un jour de *Robespierre.*

Art. 1er. Les hommes naissent et demeurent
libres et égaux en droits. Les distinctions sociales
ne peuvent être fondées que sur l'utilité commune.

Art. 2. Le but de toute association politique est
la conservation des droits naturels et imprescriptibles de l'homme. Ces droits sont : la liberté, la
propriété, la sûreté et la résistance à l'oppression.

Art. 3. Le principe de toute souveraineté ré-
side essentiellement dans la Nation. Nul corps,
nul individu ne peut exercer d'autorité qui n'en
émane expressément.

Art. 4. La liberté consiste à pouvoir faire tout
ce qui ne nuit pas à autrui : ainsi, l'exercice des
des droits naturels de chaque homme n'a de bornes
que celles qui assurent aux autres membres de
la société la jouissance de ces mêmes droits. Ces
bornes ne peuvent être déterminées que par la
loi.

Art. 5. La loi n'a le droit de défendre que les
actions nuisibles à la société. Tout ce qui n'est pas
défendu par la loi ne peut être empêché, et nul ne
peut être contraint à faire ce qu'elle n'ordonne
pas.

Art. 6. La loi est l'expression de la volonté générale. Tous les citoyens ont le droit de concourir
personnellement, ou par leurs représentants, à sa
formation. Elle doit être la même pour tous, soit
qu'elle protége, soit qu'elle punisse. Tous les citoyens, étant égaux à ses yeux, sont également ad-
missibles à toutes dignités, places et emplois publics, selon leur capacité, et sans autre distinction
que celle de leurs vertus et de leurs talents.

Art. 7. Nul homme ne peut être accusé, arrêté
ni détenu que dans le cas déterminé par la loi, et
selon les formes qu'elle a prescrites. Ceux qui sollicitent, expédient, exécutent ou font exécuter des
ordres arbitraires, doivent être punis. Mais tout
citoyen appelé ou saisi en vertu de la loi doit
obéir à l'instant ; il se rend coupable par la résistance.

Art. 8. La loi ne doit établir que des peines
strictement nécessaires, et nul ne peut être puni
qu'en vertu d'une loi établie et promulguée anté-
rieurement au délit, et légalement appliquée.

Art. 9. Tout homme étant présumé innocent
jusqu'à ce qu'il ait été déclaré coupable, s'il est
jugé indispensable de l'arrêter, toute rigueur qui
ne serait pas nécessaire pour s'assurer de sa personne doit être sévèrement réprimée par la loi.

Art. 10. Nul ne doit être inquiété pour ses opinions, même religieuses, pourvu que leur manifestation ne trouble pas l'ordre établi par la loi.

Art. 11. La libre communication des pensées et
des opinions est un des droits les plus précieux de
l'homme; tout citoyen peut donc parler, écrire,
imprimer librement, sauf à répondre de l'abus de
cette liberté dans les cas déterminés par la loi.

Art. 12. La garantie des droits de l'homme et

du citoyen nécessite une force publique : cette force est donc instituée pour l'avantage de tous, et non pour l'utilité particulière de ceux auxquels elle est confiée.

Art. 13. Pour l'entretien de la force publique et pour les dépenses d'administration, une contribution commune est indispensable : elle doit être également répartie entre tous les citoyens, en raison de leurs fa...

Art. 14. Tous les citoyens ont droit de constater par eux-mêmes, ou par leurs représentants, la nécessité de la contribution publique, de la consentir librement, d'en suivre l'emploi, et d'en déterminer la quotité, l'assiette, le recouvrement et la durée.

Art. 15. La société a le droit de demander compte à tout agent public de son administration.

Art. 16. Toute société dans laquelle la garantie des droits n'est pas assurée, ni la séparation des pouvoirs déterminée, n'a point de constitution.

Art. 17. La propriété étant un droit inviolable et sacré, nul ne peut en être privé, si ce n'est lorsque la nécessité publique, légalement constatée, l'exige évidemment, et sous la condition d'une juste et préalable indemnité.

27. — Necker déclare l'*insuccès* de l'emprunt de trente millions, et un nouvel emprunt de *quatre-vingts millions*, moitié argent, moitié effets publics, est décrété.

29. — Décret ordonnant la mise en vigueur rigoureuse des lois sur la libre *circulation* des grains et des farines dans l'intérieur du royaume, de province à province, de ville à ville, de bourg à bourg, de village à village.

30. — Tandis que les députés discutent à Versailles les premiers articles de la Constitution, la question du *veto royal* met les populations en émoi dans toute la France, et notamment à Paris. Le Palais-Royal est le forum de la capitale, et le café de Foy le sénat des tribuns populaires. Là, les méfiances se traduisent en motions désespérées : on ne parle que de trames, perfidies et trahisons. Des bruits sinistres circulent. Dans le café, les chefs du peuple rédigent un arrêté portant « qu'on n'ignore « pas quelles sont les menées de l'aristocratie pour « faire passer le *veto absolu* ; que l'on connaît tous « les complices de cet odieux complot ; que s'ils « ne renoncent dès cet instant à leur ligne crimi- « nelle, quinze mille hommes sont prêts à mar- « cher ; que la Nation sera suppliée de révoquer « ces représentants infidèles, et de les remplacer « par de bons citoyens ; qu'enfin le roi et son fils « seront également suppliés de se rendre au Lou- « vre pour y demeurer en sûreté au milieu des « fidèles Parisiens. »

Un citoyen demande une assemblée générale extraordinaire des districts. La motion est adoptée aux cris : À la Ville, à la Ville, pour l'assemblée générale des districts ! Point de veto, point d'aristocra-

tes, point de tyrans ! On n'obtient rien de la Commune. Une députation se rend à Versailles, chez Lally-Tollendal. « Paris, disent les envoyés, ne veut « point de veto : il regarde comme *traîtres* ceux « qui en veulent, et il punit les *traîtres*. » Puis ils citent des noms propres. « Les véritables *traîtres*, « répond Lally-Tollendal, sont ceux qui, remplis- « sant le peuple de terreurs aussi injustes que « fausses, lui font regarder comme ses ennemis « ses plus zélés défenseurs. Pour moi, que vous « venez d'appeler bon citoyen, et qui crois en « avoir mérité le titre, je m'estimerais heureux « d'égaler en lumières et en vertus les *proscrits* « que vous m'avez nommés. Au surplus, je vous « déclare que je regarde moi-même la sanction « royale comme un des premiers remparts de la « liberté nationale ; et si vous voulez aller m'at- « tendre à la salle de l'Assemblée, vous serez té- « moins de mes efforts pour faire triompher cette « sanction, et du compte fidèle que je vais rendre « de votre message. »

La question du *veto* scindait alors la France, et traçait nettement la ligne de démarcation des amis du *statu quo* et des partisans du *mouvement*. Le mouvement étant de l'essence révolutionnaire, les seconds triompheront, et plus tard cet incident aura laissé des traces si profondes dans l'esprit du peuple, que le mot *veto* deviendra le sobriquet de la famille royale. J'en donne pour preuve cette *carmagnole* si connue, et commençant par ces mots :

Madame Veto avait promis
De faire égorger tout Paris.

2 SEPTEMBRE. — Création d'un *Comité d'agriculture et de commerce.*

10. — L'Assemblée se prononce pour *une Chambre unique* à la majorité de 499 voix contre 89 pour deux Chambres, et 122 voix perdues.

11. — L'Assemblée, après quinze jours de débats orageux, adopte le *veto suspensif*, c'est-à-dire le droit réservé au roi de suspendre temporairement l'exécution des décrets de la Représentation nationale. Ainsi, les travaux de la Constituante, les arrêtés du 4 août, tout est remis en question. C'est un mouvement de recul. Prenez garde, sire, on place en vos mains une arme dangereuse ; elle peut vous blesser en éclatant, et la blessure serait mortelle.

Depuis quelques jours, le peuple semble plus calme ; il est vrai qu'il a maintenant des armes et des chefs : donc il peut attendre et laisser passer.

12. — L'Assemblée fixe la législature à *deux années.*

13. — L'Assemblée a reconnu par acclamation, et déclare à l'unanimité des voix, comme *lois fondamentales de la monarchie française*, que « la « personne du roi est inviolable et sacrée ; que le « trône est indivisible ; que la couronne est hé- « réditaire dans la race régnante, de mâle en

« mâle, par ordre de primogéniture, à l'exclusion
« perpétuelle et absolue des femmes et de leurs
« descendants. » Ce decret est fort sage; il est bon
d'attribuer à la personne du roi l'*inviolabilité*, ca-
chet du droit divin ; il est prudent de prémunir la
France contre la possibilité de scènes semblables
à celles consignées dans l'histoire d'Angleterre, au
chapitre : 30 *janvier* 1649.

La Constituante a d'abord travaillé pour le
peuple; elle travaille maintenant pour le trône.
Elle désire que tout le monde soit content; et
pourtant Lafontaine avait déjà dit : « Bien fou qui
« prétend contenter tout le monde et son père. »

16. — *Le Moniteur* révèle à la Nation l'existence du *Pacte de Famine*. C'est un coup de fou-
dre pour l'aristocratie. Depuis vingt-deux ans, la
France est vendue à une troupe de vautours qui,
sous la raison sociale *Malisset et Comp.*, spéculent
sur les subsistances. Les financiers, les ministres,
les nobles, furent à l'envi les commanditaires de
cette société pour la destruction du peuple. Et
l'on s'étonne de l'*irritation !* on blâme les *représailles !*

22. — Le roi a fait porter son argenterie à la
Monnaie pour la convertir en numéraire et aug-
menter la circulation métallique. L'Assemblée applaudit au récit de cet acte. Mirabeau, loin d'ap-
prouver, s'écrie « qu'on ne porte pas un plat
« d'argent à la Monnaie qui ne soit en circulation
« à Londres. » Mirabeau avait raison, car le bon
roi fut prié de garder sa vaisselle, *et ne la garda
pas.*

C'est ici le lieu de constater le dévouement dont
les Français donnèrent le spectacle au monde à
cette époque de régénération. Les villes, les villages, les corporations, les administrations, les
théâtres, le clergé, la noblesse, les privilégiés, les
salariés, les citoyens isolément, femmes, vieillards,
enfants, *à l'exception des financiers*, chacun dé-
posa son obole; tous participèrent à l'offrande.
Une grande partie des séances fut consacrée à en-
registrer les dons, les sacrifices de toute nature.
Le duc d'Orléans même se montra généreux, ce
qui donne une certaine consistance aux bruits
longtemps répandus sur la légitimité de son fils,
Louis-Philippe Ier, de cupide mémoire.

23. — Suppression de la *gabelle*, ou *impôt sur
le sel.* Réduction du prix du sel à 6 sous la livre.

24. — Necker établit de nouveau la situation
déplorable des finances. Il annonce que le dernier
emprunt décreté n'a pas été souscrit, et demande
une augmentation d'impôt de *quinze millions*.

1er OCTOBRE. — *Banquet des gardes du corps à
Versailles.* — Je tiens à reproduire sans commen-
taire quelques scènes du plus insolent défi jeté à
la face d'un peuple en révolution. Je transcris le
Moniteur:

« C'était le jeudi, 1er octobre. Le rendez-vous
« était au salon d'Hercule, d'où l'on passa à la
« salle de l'Opéra, où était servi ce magnifique et
« malheureux repas. La musique des gardes du
« corps et du régiment de Flandre embellissait la
« fête. Au second service on porta quatre santés,
« celle du roi, de la reine, de M. le dauphin et
« de la famille royale. La santé de la nation fut
« proposée, omise à dessein, selon les uns, expres-
« sément rejetée par les gardes du corps qui
« étaient présents, selon un grand nombre de
« témoins.

« Une dame du palais accourt chez la reine,
« lui vante la gaîté de la fête, et demande d'abord
« que l'on y envoie M. le dauphin, que ce spec-
« tacle ne pouvait manquer de divertir. La prin-
« cesse paraissait triste ; on la pressa de s'y rendre
« pour se dissiper : elle semblait hésiter. Le roi
« arrive de la chasse ; la reine lui propose de
« l'accompagner, et on les entraîne l'un et l'autre
« avec l'héritier de la couronne, dans la salle du
« festin. Elle était pleine de soldats de tous les
« corps, car on y avait fait passer, à l'entremets,
« et les grenadiers de Flandre, et les Suisses, et
« les chasseurs des Évêchés.

« La Cour arrive, la reine avance jusqu'au bord
« du parquet, tenant par la main M. le dauphin.
« Cette visite *inattendue* fait pousser des cris
« d'allégresse et de joie. La princesse prend alors
« le dauphin dans ses bras, et fait le tour de la
« table au milieu des applaudissements les plus
« vifs et des acclamations les plus bruyantes. Les
« gardes du corps, les grenadiers, tous les soldats,
« l'épée nue à la main, portent la santé du roi, de
« la reine et du dauphin. La Cour les accepte et
« se retire.

« Bientôt la fête, qui jusque-là n'avait été animée
« que par une gaîté un peu libre, il est vrai, mais
« encore décente, se change en *une orgie complète*.
« Les vins, prodigués avec une munificence vrai-
« ment royale, échauffent toutes les têtes; la
« musique exécute divers morceaux propres à
« exalter davantage les esprits, tels que : *O
« Richard, ô mon roi, l'univers t'abandonne !*
« dont la perfide allusion ne pouvait manquer en
« ce moment son application, et la *Marche des
« Hulans.* On sonne la charge : les convives chan-
« celants escaladent les loges et donnent à la fois
« un spectacle dégoûtant et horrible. On se permet
« *les propos les plus indécents.* La cocarde na-
« tionale est proscrite, on offre la cocarde blanche,
« plusieurs capitaines de la garde nationale de
« Versailles ont la faiblesse de l'accepter.

« Cependant on s'était porté en foule à la suite de
« la Cour. Des gardes du corps, différents officiers,
« des troupes de soldats ivres, s'abandonnent dans
« la cour de marbre à *mille excès de folie*. M. de
« Perceval, aide de camp du commandant de la
« garde nationale de Versailles, escalade le balcon
« de l'appartement de Louis XVI, s'empare des
« postes intérieurs des gardes, et s'écrie : Ils sont
« à nous; qu'on nous appelle désormais *Garde
« Royale.* Il se pare de la cocarde blanche, aux
« applaudissements de plusieurs spectateurs qui
« en font autant. Quelques-uns mêlent aux cris de

« Vivent le Roi et la Reine ! des *imprécations*
» contre l'Assemblée nationale.

« Le banquet fut répété le lendemain dans la
» pièce du Manége, avec une plus grande affluence
» de convives, plus de tumulte, et des circon-
» stances plus offensantes encore pour la nation.
» Puis une députation de la garde nationale de
» Versailles étant allée présenter à la reine son
» respect et sa reconnaissance pour le don qu'elle
» lui avait fait de plusieurs drapeaux, la princesse
» répondit en ces termes : Je suis fort aise d'avoir
» donné des drapeaux à la garde nationale de
» Versailles. La nation et l'armée doivent être
» attachées au roi, comme nous le leur sommes
» nous-mêmes. *J'ai été enchantée de la journée de
» jeudi.* »

Je me borne à constater qu'en 1789, la reine
de France, une *Autrichienne*, était le *porte-
étendard* de la *Contre-Révolution*. Pendant que
les choses se passent ainsi au château, les députés
prêtent toute leur attention à la lecture d'un projet
de Constitution et décrètent la formation d'un
comité militaire. La *dignité* révolutionnaire siége
à cent pas de l'*orgie* monarchique.

5 et 6. — *Réponse au banquet des gardes du
corps.* — Le matin, le roi remet à *d'autres temps*
la sanction des droits et des articles déjà votés de
la Constitution. Dans la journée, une députation
parisienne composée en majeure partie de femmes,
conduite par Maillard, arrive à Versailles, et
demande *du pain*. Des flots de Parisiens la suivent.
Le soir, Mgr. l'évêque de Langres, président en
l'absence de Mounier, apporte à l'Assemblée *l'acceptation pure et simple* de la Constitution et de la
déclaration des droits. Les mêmes causes pro-
duisent toujours les mêmes effets. Les Parisiens
s'adressent à l'Assemblée et au roi. Ils crient :
Du pain! Le roi à Paris! Des collisions partielles
s'engagent entre le peuple et les gardes du corps.
Le sang coule ; vingt fois la moindre étincelle peut
déterminer un massacre général. L'intervention
active du général Lafayette contribue à ramener
la paix. La reine paraît au balcon, et les femmes
qui criaient tout à l'heure : « C'est une Messaline,
» elle a trahi l'État, elle a juré la perte des
» Français ; il faut la pendre! il faut la pendre! »
crient maintenant : Vive la Reine ! Les gardes du
corps crient: Vive la Nation! et le peuple répond :
Vivent les gardes du corps! cette fois, les ivrognes
du banquet ont adopté la cocarde tricolore. Peu
à peu la confiance se rétablit, la joie se communique et la famille royale escortée de cent
membres de l'Assemblée, se rend à Paris. Voici
une idée du cortége : « Un gros détachement de
» l'armée, des trains d'artillerie, une grande partie
» des femmes et des hommes *armés de piques*, la
» plupart à pied, d'autres dans des fiacres, sur des
» charrettes, ou montés sur les canons, ouvraient
» la marche. Ils étaient suivis de cinquante à
» soixante voitures de farines et de blés, enlevés à
» Versailles, de différents dépôts. Ces voitures
» précédaient immédiatement celles de la Cour.
» Un corps nombreux de cavalerie bourgeoise,

» entremêlée de femmes, de députés, de grenadiers,
» environnaient les carrosses du Roi. Suivaient
» pêle-mêle et confondus, à pied et à cheval, le
» régiment de Flandre, les dragons, les gardes du
» corps, *les bandits*, les cent-Suisses. On voyait
» aussi autour des chariots de farines les *dames
» de la Halle* et leurs robustes écuyers portant de
» hautes branches de peupliers; c'était l'image
» d'une forêt d'arbres entremêlés de fusils, de
» piques, qui paraissait se mouvoir lentement
» sur Paris, pour y verser l'abondance. Tout le
» cortége remplissait l'air de cris et de chansons.
» Les femmes qui précédaient la voiture du Roi
» chantaient des airs *allégoriques* dont elles ap-
» pliquaient du geste les piquantes allusions à *la
» reine*: puis, montrant à la multitude qui se
» pressait autour d'elles, les farines d'une main,
» le monarque et sa famille de l'autre : *Courage,
» mes amis*, s'écriaient-elles, *nous ne manquerons
» plus de pain, nous vous amenons le boulanger,
» la boulangère, et le petit mitron !* Derrière les
» voitures, quelques gardes du corps, humiliés,
» protégés et sauvés embrassant fraternellement
» leurs libérateurs, frappaient tous les regards;
» le corps d'armée, divisé en compagnies pré-
» cédées chacune de leurs canons, terminait ce
» cortége, dont l'ensemble offrait à la fois le
» tableau touchant d'une *fête civique* et l'effet
» grotesque d'une *saturnale*. Le monarque pouvait
» être pris également pour *un père au milieu de
» ses enfants*, ou pour *un prince détrôné*, promené
» en triomphe par des sujets rebelles. »

6. — Création d'un *Comité de marine.*

9. — *Proclamation de Louis XVI.* — Il annonce aux Parisiens qu'il restera désormais au
milieu d'eux. Il accorde la remise gratuite des
linges de corps et habillements d'hiver engagés
pour des sommes qui n'excéderaient pas 24 livres.
Les fonds employés à cet acte d'humanité furent
pris sur l'argent *réservé à ses besoins personnels.*
Ceci est bien.

12. — L'Assemblée décide qu'elle rompra ses
séances à Versailles après celle du 15 au matin, et
qu'alors elle s'ajournera au 19, à l'Archevêché de
Paris.

14. — On lit à l'assemblée une requête de
M. Marat, arrêté comme auteur d'une diatribe
indécente contre l'Assemblée nationale et M. Necker,
et qui demande la liberté. A cette époque, *Marat*
publiait son journal, *l'Ami du Peuple*, où les dénonciations pullulaient ; ses prédictions, toujours
accomplies, lui donnèrent dans la suite sur la
portion exaltée du peuple une autorité de *prophète.*

19. — Première séance de l'Assemblée constituante à Paris, dans la salle de l'Archevêché. Le
soir, aux Tuileries, représentation de l'éternelle
pasquinade des *compliments au Roi.*

20. — Meurtre d'un boulanger nommé François.

A cette occasion et le même jour, *demande, rédaction, discussion, vote et promulgation* du décret contre les attroupements, dit *Loi martiale.* A ces lois-là, jamais la sanction royale ne fit faire antichambre. Celle-ci a joué un tel rôle dans la Révolution, que je crois utile de transcrire ici les six premiers articles, relatifs *aux sommations :*

Art. 1. — Dans le cas où la tranquillité publique sera en péril, les officiers municipaux seront tenus, en vertu du pouvoir qu'ils ont reçu de la Commune, de déclarer que la force militaire doit être déployée à l'instant pour rétablir l'ordre public, à peine d'en répondre personnellement.

Art. 2. — Cette déclaration se fera en exposant à la principale fenêtre de la Maison-de-Ville, et dans toutes les rues, un drapeau rouge, et en même temps, les officiers municipaux requerront les chefs des gardes nationales, des troupes réglées et des maréchaussées de prêter main-forte.

Art. 3. — Au signal seul du drapeau, tous attroupements, avec ou sans armes, deviennent criminels, et doivent être dissipés par la force.

Art. 4. — Les gardes nationales, troupes réglées et maréchaussées, seront tenues de marcher sur-le-champ, commandées par leurs officiers, précédées d'un drapeau rouge, et accompagnées d'un officier municipal au moins.

Art. 5. — Il sera demandé par un des officiers municipaux, auxdites personnes attroupées quelle est la cause de leur réunion et le grief dont elles demandent le redressement ; elles seront autorisées à nommer six d'entre elles pour exposer leur réclamation, et présenter leur pétition, et tenues de se séparer sur-le-champ, et de se retirer paisiblement.

Art. 6. Faute par les personnes attroupées de se retirer en ce moment, il leur sera fait à haute voix, par les officiers municipaux, ou l'un d'eux, trois sommations de se retirer tranquillement dans leurs domiciles. La première sommation sera exprimée en ces termes : *Avis est donné que la loi martiale est proclamée ; que tous attroupements sont criminels : on va faire feu, que les bons citoyens se retirent ;* à la seconde et troisième sommation, il suffira de répéter ces mots : *on va faire feu, que les bons citoyens se retirent.* L'officier municipal annoncera, à chaque sommation, que c'est la première, ou la seconde ou la dernière.

Robespierre a parlé contre la loi et pour la première fois l'Assemblée l'écoute sans donner de marques d'impatience. C'est un député obscur, un orateur froid, mais possédant au suprême degré *la logique* révolutionnaire. A propos de la loi martiale, il a fait entendre ces paroles : « ... Ceux « qui ont suivi la révolution ont prévu le point où « vous êtes : ils ont prévu que les subsistances « manqueraient ; qu'on vous montrerait au peuple « comme sa seule ressource : ils ont prévu que des « situations terribles engageraient à vous demander

« des mesures violentes, afin d'immoler à la fois « et vous et la liberté. On demande du pain et « des soldats ; c'est-à-dire : le peuple attroupé « veut du pain ; donnez-nous des soldats pour « immoler le peuple. On vous dit que les soldats « refusent de marcher... Eh ! peuvent-ils se jeter « sur un peuple malheureux dont ils partagent le « malheur ? Ce ne sont donc pas des mesures vio- « lentes qu'il faut prendre, mais des décrets sages, « pour découvrir la source de nos maux, pour dé- « concerter la conspiration qui peut-être, dans le « moment où je parle ne nous laisse d'autre res- « source qu'un dévouement illustre. Il faut nom- « mer un tribunal vraiment national.

« ..... Qu'on ne parle pas de constitution quand « tout se réunit pour l'écraser dans son berceau. « Des mandements incendiaires sont publiés, les « provinces s'agitent, les gouverneurs favorisent « l'exportation sur les frontières... Il faut entendre « le comité des rapports ; il faut entendre le comité « des recherches, découvrir la conspiration, « étouffer la conspiration... Alors nous ferons une « constitution digne de nous et de la Nation ».

Quel langage ! le résumé complet de la révolution, son passé, son présent, son avenir, encadré dans dix lignes !

28. — L'élection à *deux degrés* est votée, ainsi que les conditions de cens ci-après : Pour être citoyen actif, il suffit de payer trois francs de contribution. Tout citoyen actif est membre de l'Assemblée primaire qui nomme les électeurs. La contribution de l'électeur élu, appelé à voter directement, est fixée à 10 francs, celle de l'éligible à la députation à 50 francs. Encore une étape, et nous touchons au *suffrage universel !*

2 Novembre. — Les biens du clergé sont déclarés *biens nationaux,* à la charge de pourvoir d'une manière convenable aux frais du culte, à l'entretien de ses ministres et au soulagement des pauvres.

24 Décembre. — Première création d'*assignats,* fixée à 400 millions.

L'Assemblée continue ses travaux, et la fin de l'année ne présente d'autres incidents que les motions produites par divers députés sur les troubles de la province, les doléances financières de Necker *impuissant à rétablir l'équilibre,* les relations avec la Commune de Paris et quelques affaires particulières. Néanmoins, il ne saurait échapper à personne que la *popularité* se détache de la représentation nationale : chaque jour apparaît plus profonde la séparation de l'aristocratie bourgeoise et du peuple proprement dit. En ce temps-là, le parlement pouvait perdre sa *popularité.*

CHAP. II. — RELATIONS EXTÉRIEURES.

30 Novembre. — *Réunion de la Corse à la France.* — L'île de Corse, après avoir appartenu à dix nations ou partis différents, avait reconnu pour chef *Pascal Paoli,* homme de génie et de

cœur. Les Génois, derniers possesseurs, furent | dus droits. Ajaccio a donné le jour à *Napoléon* contraints par lui à céder à la France leurs préten- | *Bonaparte*, le 15 août 1769.

CHAP. III. — GALERIE RÉVOLUTIONNAIRE.

NOTA. Sous ce titre, j'inscrirai les noms des Acteurs *célèbres* du drame de la Révolution Française, au fur et à mesure de leur apparition sur la scène politique. Une fois constatés, les mêmes noms ne seront point répétés dans les années suivantes.

1. Artois (d'), le comte, frère du roi, émigré.
2. Bailly, académicien, député, maire.
3. Barentin (de), garde des sceaux.
4. Barnave, député.
5. Barrère de Vieuzac, député, avocat.
6. Berthier, intendant, mis à mort par le peuple.
7. Bezenval (de), colonel.
8. Boissy d'Anglas, député.
9. Breteuil (de), ministre.
10. Broglie (de) maréchal, ministre.
11. Bureaux de Puzy, député.
12. Buzot, député.
13. Calonne (de). abbé, député.
14. Camus, académicien, député, archiviste.
15. Cazalès, abbé, député.
16. Chapelier, avocat, député.
17. Condorcet, conseil du roi, écrivain.
18. Custine (de), député.
19. Danton, président du club des Cordeliers.
20 Desmoulins (Camille), publiciste, tribun populaire.
21. Dreux-Brézé (de), marquis, grand-maître des cérémonies.
22. Dubois de Crancé, député.
23. Duport, député.
24. Enghien (d') duc, cousin du roi, émigré.
25. Epresménil (Duval).
26. Estaing (d'), colonel de la garde nationale de Versailles.
27. Flesselles (de), prévôt des marchands.
28. Fluë (de) Louis, commandant les Suisses de la Bastille.
29. Foulon, ministre mis à mort par le peuple.
30. Garat, aîné, député, écrivain.
31. Grégoire (l'abbé), curé, député.
32. Guillotin, médecin, député.
33. Lafayette (de) marquis, commandant de la garde nationale.
34. Lally-Tollendal (de), comte, député.
35. Lameth (de) (Alexandre), député.
36. Lameth (de) (Charles), député.

37. Lanjuinais, avocat, député.
38. La Porte (de), député.
39. La Reveillère-Lepaux, député.
40. Launay (de), gouverneur de la Bastille.
41. Lecointre, député.
42. Losme (de), major de la Bastille.
43. Louis XVI, roi de France et de Navarre.
44. Loustalot, journaliste.
45. Maillart, vainqueur de la Bastille.
46. Malouet, député.
47. Marat, savant, médecin, journaliste.
48. Marie-Antoinette, reine de France.
49. Martin d'Auch, député.
50. Maury (l'abbé), député.
51. Merlin de Douai, député.
52. Mirabeau (de) comte, député.
53. Monsieur, comte de Provence, frère du roi.
54. Mounier, député.
55. Necker, ministre des finances.
56. Noailles (de), vicomte.
57. Orléans (duc d'), cousin du roi.
58. Pétion, député.
59. Pison du Galand, député.
60. Prieur de la Marne, député.
61. Prudhomme, journaliste.
62. Rabaud de Saint-Estienne, député.
63. Rewbel, député.
64. Robespierre (Maximilien), avocat, député d'Arras.
65. Rœderer, député.
66 Regnault de Saint-Jean d'Angély, député.
67. Saint-Priest (de), ministre.
68. Santerre, brasseur.
69. Sieyès (de) abbé, député.
70. Sombreuil (de), gouverneur des Invalides.
71. Talleyrand-Périgord (de) (évêq. d'Autun, dép.)
72. Target, avocat, député.
73. Tracy (Destutt de), député.
74. Treilhard, avocat, député.
75. Tronchet, avocat, député.
76. Volney (de), député.

ÉTAT NOMINATIF DES VAINQUEURS DE LA BASTILLE,

Cités dans la Relation officielle des événements du 14 Juillet 1789.

Arne, grenadier aux gardes-françaises.
Aubin Bonnemère, ancien soldat de Royal-Comtois.
Beaubourg, bourgeois.
Binot, bourgeois.
Boucheron.
Chignard, député de la ville.
Cholat, marchand de vins.
Coutant.

De la Salle, officier.
Élie, officier au régiment de la Reine.
Épine (De l'), clerc de procureur.
Éthis de Cornis.
Fauchet (l'abbé), député de la ville.
François.
Georget, canonnier de la marine.
Gudin, âgé de dix-sept ans.

Hullin.
Humbert (J.-B.).
Joanot.
Labarthe, sergent aux gardes françaises.
Lafleurie,
Legris, garde des impositions royales.
Maillard, fils d'un huissier.
Marqué, sergent aux gardes.
Milly.

Morin (Louis).
Piquot de Sainte-Honorine.
Réale, mercier.
Six.
Thuriot de la Rosière, membre du district.
Tournay (Louis), ancien soldat au régiment Dauphin.
Vigne (de la), député de la ville.
Wargnier, sergent-major aux gardes-françaises.

CHAP. IV. — NÉCROLOGIE.

25 DÉCEMBRE. — Mort de *l'abbé de l'Épée.*

De l'Épée est l'inventeur de la langue des *signes méthodiques.* Livré tout entier à sa vocation pour l'instruction des sourds, sa pauvreté devint obstacle à ses projets de bienfaisance. Il s'adressa à la cour, mais les prostituées de Versailles ne laissaient pas à leur *royal entreteneur, Louis XV,* le loisir de s'occuper d'un bienfaiteur de l'humanité. *Catherine II,* impératrice de Russie, lui fit des offres brillantes, il y répondit par la demande de l'envoi d'un jeune sourd-muet de ses États, qu'il se chargerait d'instruire. *Joseph II,* empereur d'Allemagne, durant son séjour en France, alla le voir. « Je suis déjà vieux, lui dit *de l'Épée,* « si Votre Majesté veut du bien aux *sourds-muets,* « ce n'est pas sur ma tête déjà courbée vers la « tombe qu'il faut le placer, c'est sur l'œuvre « même ; il est digne d'un grand prince de perpé- « tuer tout ce qui est utile à l'humanité. » *Joseph* s'entendit avec lui, et une *institution de sourds-muets* fut établie à Vienne.

L'abbé *de l'Épée,* octogénaire, *oubliait* de pourvoir à ses besoins personnels en faveur de ses élèves nécessiteux. Honneur à sa mémoire !

CHAP. V. — JALONS DE L'HISTOIRE.

1 *Mai.* . .	Ouverture des États-généraux.	
20 *Juin.* . .	Séance du Jeu de Paume.	
11 *Juillet.* .	Exil de Necker.	
12 — . .	Camille Desmoulins au Palais-Royal.	
14 — . .	Prise de la Bastille.	
16 — . .	Rappel de Necker.	
— — . .	Établissement de la milice bourg.	
4 *Août.* . .	Abolition de la féodalité.	
15 *Septemb.*	Révélation du Pacte de Famine.	
1er *Octobre.*	Banquet des gardes-du-corps.	
5 et 6 . . .	Le peuple de Paris à Versailles.	
19 — . .	L'Assemblée constituante à Paris.	
20 — . .	Décret de la Loi martiale.	
30 *Novemb.*	Réunion de la Corse à la France.	
21 *Décembre*	Première création d'assignats.	

CHAP. VI. — CITATIONS HISTORIQUES.

Louis XVI, jouet d'une infâme cabale, était près, sans le savoir, de couvrir de son nom une des plus odieuses conjurations que l'histoire ait transmises à la mémoire des hommes. Cinquante mille hommes, cent pièces de canon, et six princes dirigeant leurs coups, allaient renverser sur ses ministres le sanctuaire de la liberté et bouleverser l'empire français de fond en comble. L'Assemblée Nationale devait être dispersée, ses arrêtés déclarés séditieux, ses membres proscrits, le Palais-Royal et les maisons des patriotes livrés au pillage, les électeurs et les députés aux bourreaux. Tout était prêt pour consommer ce crime. Des brigands, armés de haches, de torches et de poignards, attendaient leur proie ; la Bastille et les gibets, leurs victimes. La nuit du 14 au 15 juillet avait été fixée pour l'invasion de Paris. Les Invalides devaient faire résistance, et s'opposer à l'enlèvement des armes et du canon en faisant feu sur le peuple.

Depuis l'émeute Réveillon, du faubourg Saint-Antoine, de Launay, gouverneur de la Bastille, s'occupait sans relâche de ses préparatifs de défense. Quinze pièces de canon bordaient ses tours, et trois pièces de campagne placées dans la grande cour, en face de la porte d'entrée, présentaient une mort assurée aux téméraires qui oseraient l'assaillir. 400 biscaïens, 14 coffrets de boulets sabotés, 1500 cartouches, des boulets de calibre, et 250 barils de poudre du poids de 125 livres chacun, composaient ses munitions. Cette poudre avait été transportée de l'Arsenal à la Bastille par les Suisses de Salis-Samade, dans la nuit du 12 au 13 juillet. Dès le 10 du même mois, il avait fait monter sur les tours six voitures de pavés, de vieux ferrements et des boulets qui n'étaient pas de calibre, pour défendre les approches du pont, dans le cas où les munitions viendraient à manquer, et où les assiégeants s'approcheraient assez pour que le canon ne pût les atteindre. Quelques nuits auparavant, il avait eu la précaution de faire tailler d'un pied et demi les embrasures, pratiquer des meurtrières, réparer tous les ponts-levis et enlever tous les garde-fous, pour qu'ils ne pussent pas favoriser le passage du fossé lorsque les ponts seraient levés. Dans son logement même, une fenêtre fermée par des madriers de chêne assemblés, à rainures et languettes, offrait six ouvertures propres à recevoir le canon d'un fusil ;

une jalousie négligemment baissée en dérobait la vue.

———

Un citoyen, qui chargeait en silence et tirait depuis une heure, reçoit du haut des tours une balle dans la poitrine : il chancelle ; on court à son aide. La tête penchée sur les bras de ceux qui le soutiennent : « Mes amis, leur dit-il d'une voix expirante, je me meurs ; mais, tenez bon, vous la prendrez. » Et il rend le dernier soupir.

———

Des gardes-françaises étaient occupés depuis une heure des moyens d'attaquer la Bastille avec succès. Hullin se présente à la tête d'une troupe de bourgeois ; il s'écrie : « Êtes-vous citoyens ? mar- « chons à la Bastille ; on y égorge nos amis, nos « frères. Nous avons la patrie à venger, des traî- « tres à punir ; pourrions-nous douter de la vic- « toire ? » Et il les entraîne.

———

Les insurgés s'emparent, dans l'une des cours de la Bastille, d'une jeune personne également in- téressante par sa grâce et par sa candeur. L'ayant amenée près du premier pont : « C'est la fille de « M. de Launay ! » s'écrient-ils ; « qu'il rende la « place, ou qu'il voie sa fille expirer dans les « flammes ! » Une paillasse va lui servir de bû- cher ; on y met le feu : l'infortunée s'évanouit. Le père de Mlle de Monsigny (c'est le nom de la jeune personne) voit du haut des tours sa fille près d'être brûlée vivante ; il allait se précipiter, lorsqu'il fut atteint et renversé de deux coups de feu. Le généreux Aubin Bonnemère, indigné d'un pareil attentat, quitte son poste, écarte la foule homicide, enlève la victime, la remet en mains sûres, et revole au combat. C'est ainsi que des actes de violence, qui auraient souillé la gloire de ce jour, si grand dans la Révolution, fournissaient le plus souvent des traits d'héroïsme. Une cou- ronne civique et un sabre furent la récompense de ce vertueux citoyen : elle lui fut décernée publi- quement à l'Hôtel de-Ville, le 5 février 1790. La couronne fut présentée par M. le maire à Mlle de Monsigny, qui la posa de sa main sur la tête de son libérateur, et embellit par ses larmes ce triomphe de la reconnaissance. Un citoyen, M. Bi- not, qui avait été témoin de la bravoure et de l'humanité de M. Bonnemère, termina cette fête attendrissante en offrant à ce héros une rente via- gère reversible sur la tête de son épouse.

———

A l'Arsenal, un perruquier ivre, muni de deux tisons enflammés, s'occupait à mettre le feu au magasin de salpêtre. Le brave J.-B. Humbert, qui eut la gloire de monter le premier sur les tours de la Bastille, accourt aux cris d'une femme, frappe le forcené d'un coup de crosse de fusil dans l'estomac et le terrasse ; puis, saisissant avec in- trépidité un tonneau de salpêtre déjà enflammé, le renverse, réussit à l'éteindre, et court rejoindre les courageux patriotes qui attaquaient la Bas- tille.

———

Le découragement était général dans la forte- resse. Les Suisses seuls exhortaient cependant le gouvernement à la résistance.

———

MM. Maillard, Cholat, le grenadier Arné et plu- sieurs des assaillants se disputent l'honneur d'a- voir arrêté M. de Launay. Il n'était point en uni- forme, mais vêtu d'un frac gris avec un ruban ponceau ; il portait à sa main une canne à épée dont il voulait se percer le sein, et que l'intrépide Arné lui arracha.

———

M. Delaurière, ayant eu la gloire de s'emparer du drapeau de la Bastille, le porte à la ville, de- mande un reçu, et interrogé sur son nom : « Fai- tes-le, dit-il, au nom des grenadiers du troisième bataillon. »

———

On vit à la Bastille une jeune fille de dix-huit ans combattre, sous des habits d'homme, à côté de son amant, dont elle ne voulut jamais se sépa- rer.

———

La prise de la Bastille a coûté la vie à 98 des assiégeants ; 83 restèrent sur la place, et 15 péri- rent de leurs blessures. 73 furent blessés ou es- tropiés : les assiégés ne perdirent qu'un homme pendant le combat. 4 officiers et 4 soldats furent pendus ou égorgés après l'action.

———

Les sept prisonniers qui se trouvèrent au châ- teau de la Bastille au moment de sa prise, sont : MM. Pujade, Béchade, La Roche, La Caurège, de Solages, Tavernier et Whyte. Ce dernier était fou : il fallut le transférer à Charenton.

———

Sans être bien fort, dit Saint-Foix, la Bastille est un des plus redoutables châteaux de l'Europe.

———

Le 12 juillet 1767, M. de Laverdy vendit la France pour douze ans à une compagnie de mono- poleurs. Le pacte abominable qui fut le résultat de cette opération, et que l'on peut bien appeler le pacte de famine, fut rédigé par M. Cromot-Du- bourg, alors premier commis des finances. Quatre millionnaires preneurs du bail, MM. Ray de Chau- mont, grand-maître des eaux et forêts de France ; Rousseau, receveur des domaines et bois du comté de Blois ; Perruchot, ancien entrepreneur d'hôpi- taux d'armée, et Malisset, ancien boulanger, après avoir été meunier banqueroutier, couvraient de leurs noms cette tourbe de ministres, d'intendants de provinces, de présidents et conseillers de cours souveraines, et cette foule de courtisans et de financiers conjurés contre la subsistance d'une nation entière. Quatre intendants de finances, MM. Trudaine de Montigny, Boutin, Langlois et Boullongne, se partagèrent le royaume, se distribuèrent à chacun un nombre égal de provinces à ravager, et entretenaient la correspondance avec les intendants provinciaux. MM. Bertin et Sartine eurent le secret de l'entreprise ; ce dernier s'était réservé la capitale de l'Ile-de-France. Mais Malisset, nommé par le roi généralissime agent de l'entreprise, devait se porter partout où le besoin le requerrait pour commander, diriger et payer cette foule d'ouvriers, de commissionnaires, d'inspecteurs ambulants, de blatiers, de batteurs en grange, de cribleurs, de voituriers, d'emmagasineurs et de gardiens des greniers domaniaux, forteresses et châteaux royaux où s'amoncelaient tous les ans, sous le nom du roi, tous les grains et farines dits du roi. Les parlements secondaient avec ardeur cette opération ministérielle. Les riches en profitaient ; les citoyens aisés n'osaient réclamer, dans la crainte de compromettre leur existence. Les plaintes et les plaignants étaient ensevelis sans pitié dans les gouffres de la Bastille ; et si le peuple, sur qui tombait plus directement tout le poids du monopole, laissait échapper quelques murmures, des gibets et des bourreaux le contraignaient au silence, et on le forçait, dans la crainte d'être pendu, à mourir tranquillement de faim. On eût dit qu'une armée de brigands avait envahi l'empire pour se partager ses dépouilles, et ces brigands étaient le gouvernement lui-même et ses agents. Non, les annales du monde ne présentent pas un plus horrible attentat contre le genre humain, ni un tel prodige de tyrannie ; mais un plus grand prodige encore, c'est que ce crime immense ait été impunément renouvelé quatre fois en soixante ans, et que la barbarie des tyrans n'ait

pu lasser la patience des peuples, ni la patience des peuples assouvir l'insatiable avidité des tyrans.

Je définis la loi, la volonté des gouvernés ; donc les gouvernants ne doivent avoir aucune part à sa formation.

SIEYÈS, séance du 7 septembre.

J'entends parler de patriotisme, d'élans du patriotisme, d'invocations au patriotisme. Ah ! ne prostituez pas ces mots de patrie et de patriotisme. Il est donc bien magnanime, l'effort de donner une portion de son revenu pour sauver tout ce qu'on possède ! Eh, messieurs, ce n'est là que de la simple arithmétique, et celui qui hésitera ne peut désarmer l'indignation que par le mépris que doit inspirer sa stupidité..... Aujourd'hui, la banqueroute est là ; elle menace de consumer vous, vos propriétés, votre honneur..... et vous délibérez !

(MIRABEAU, 25 septembre.)

Une femme du monde envoie 1200 livres à l'Assemblée. Voici la lettre d'envoi :

« Messeigneurs, j'ai un cœur pour aimer. J'ai « amassé quelque chose en aimant : j'en fais, entre « vos mains, hommage à la patrie. Puisse mon « exemple être imité par mes compagnes de tous « les rangs. »

(Séance du 3 octobre.)

Il me semble qu'on pourrait faire au roi une adresse, dans laquelle on lui parlerait avec cette franchise et cette vérité qu'un fou de Phillippe II mettait dans ces paroles triviales : « Que ferais-tu, Philippe, si tout le monde disait non quand tu dis oui ? »

MIRABEAU, 5 octobre.

CHAP. VII. — RÉSUMÉ.

Les causes de la secousse qui ébranle l'Europe à la fin du dix-huitième siècle sont innombrables : la banqueroute imminente et la disette sont les causes déterminantes.

On appelle les États-Généraux pour voter des subsides, ils réclament les droits de la nation. On élude ou l'on refuse, ils changent de ton et se mettent au lieu et place de la royauté, à laquelle cependant ils conservent le nom.

Les priviléges menacés s'unissent et conspirent la perte des *manants* et du tiers-état. Le tiers fait signe au peuple, et le peuple prend la Bastille. Le privilège met bas les armes le 4 août.

L'aristocratie enlace le roi ; forte de l'appui qu'elle rencontre dans la reine, elle parvient à le décider à fuir. Le peuple devine : il court à Versailles venger la nation des insultes vociférées contre elle dans un galas royal, et ramène à Paris le Boulanger, la Boulangère et le petit Mitron.

Les journaux se multiplient ; les clubs se forment ; les Jacobins se préparent à entrer en lice.

Les princes donnent le signal de l'émigration.

La question du veto alimente le Palais-Royal. Camille Desmoulins est à l'insurrection ce qu'est Mirabeau à la discussion. Ces deux orateurs entraînent : il n'est pas de barrières pour eux.

La révélation du pacte de famine sème dans les esprits un germe de colère dont les effets terribles se font sentir partout où le crime est découvert. Le peuple en armes ne pille nulle part, mais il juge et met à mort sans appel quand l'accusé se nomme de Launay, Flesselles, Foulon ou Berthier. Quatorze siècles de provocations et de tortures n'ont-ils point appelé sur la tête des bourreaux d'effroyables, mais justes représailles !

Somme toute, l'année 1789 fournit à l'histoire la première page où le nom de peuple n'est plus synonyme d'esclave. Vive la liberté !

ANNÉE 1791.

CHAPITRE PREMIER. — MOUVEMENT INTÉRIEUR.

1er **Janvier.** — Organisation de l'armée en substituant les numéros aux dénominations de l'ancien régime; un réglement du Roi relève la dignité des soldats. Brest devient le 26e d'infanterie; Bourgogne, le 59e; Conti, le 81e; Noailles, le 15e dragons; les dragons du Roi, 18e dragons, etc. Une réorganisation semblable a lieu dans la gendarmerie.

4. — Aujourd'hui à une heure expire le délai accordé aux ecclésiastiques pour prêter le serment. Grande est l'agitation dans Paris. Le peuple est attroupé aux environs de l'Assemblée. Le Président, M. Emmery, adresse l'invitation suivante : « J'interpelle pour la dernière fois les ecclésiastiques fonctionnaires publics, de prêter serment conformément au décret. » Personne ne répond. Une motion de Barnave est alors convertie en un décret ainsi conçu : « L'Assemblée nationale charge « son président de se retirer devers le Roi, pour « lui remettre les extraits des procès-verbaux des « séances de l'Assemblée nationale, depuis le 26 « décembre, et pour le prier de donner des ordres « pour la prompte et entière exécution du décret « du 27 novembre dernier, envers les membres « de l'Assemblée nationale, ecclésiastiques fonc- « tionnaires publics, qui n'ont pas prêté le ser- « ment prescrit par ledit décret, sauf à ceux qui « seraient retenus hors de l'Assemblée nationale « par malaise ou absence légitime, à faire valoir « leur excuse dans le délai de quinzaine, en faisant « ou envoyant leur serment. »

6. — De toutes parts arrivent en foule les protestations des curés patriotes contre la résistance des ecclésiastiques à prêter le serment. Le clergé est divisé en deux camps : les ecclésiastiques réfractaires ou insermentés, les ecclésiastiques constitutionnels ou assermentés. Sur les cent cinquante évêques français cent quarante-quatre figurent parmi les réfractaires. Le haut clergé excite à la guerre civile, notamment dans la Vendée et le Midi, dans le haut et le Bas-Rhin.

7. — Loi fondamentale sur les brevets d'invention et de perfectionnement.

9. — Adresse des Amis de la Constitution d'Angers en faveur des hommes de couleur. Il est avéré qu'à Saint-Domingue un mulâtre a été mis aux fers par la seule raison qu'il avait été en France pendant la révolution, et que sans doute il apportait des principes d'égalité entre les citoyens.

11. — L'Assemblée décrète la fabrication de 15,000,000 de monnaies en pièces de trente sous, quinze sous, douze deniers, six deniers et trois deniers.

14. — Adresse de l'Assemblée à la nation sur la constitution civile du clergé. Violente sortie de Mirabeau contre les évêques qu'il accuse tour-à-tour d'hypocrisie, d'impiété, d'impudence, de vénalité, d'intrigues, d'oisiveté, d'ignorance et de luxe.

26. — Remplacement des ecclésiastiques non assermentés.

28. — Le Roi dénonce à l'Assemblée les menées des princes allemands et des émigrés. Une levée de 100,000 hommes est décrétée.

1er **Février.** — A l'occasion d'une collision sanglante à La Chapelle, les jacobins publient une lettre où se trouve cette assertion : « Quelques « chasseurs préposés à la garde des barrières ont, « dans une dispute assez vive, tué ou blessé dix « ou douze personnes sous le prétexte d'empêcher « la contrebande. On en a arrêté plusieurs, et déjà « ils ont déclaré qu'on les avait payés pour com- « mettre le crime dont il se sont rendus coupa- « bles. »
Le Roi est invité à envoyer des commissaires avec des pouvoirs extraordinaires à Saint-Domingue pour apaiser les troubles.

4. — Établissement d'un tribunal de commerce dans la ville de Paris.

7. — *Municipalité.* — La Commune décide qu'une adresse sera présentée à l'Assemblée, dans le but d'arrêter la fureur du jeu et l'effrayante multitude de maisons de jeu établies à Paris. Elle demande de placer au nombre des crimes la tenue d'une maison de jeu.

8. — Le Roi est prié de donner des ordres à tous les ambassadeurs résidents, consuls, agents de la nation, auprès de différentes puissances, pour qu'ils aient à engager, au nom de l'humanité, des arts et des sciences, les divers souverains à charger tous les navigateurs de faire toutes les recherches de deux frégates françaises, la *Boussole* et l'*Astrolabe*, commandées par Lapérouse. Sollicitude inutile! Trente-six années s'écouleront avant que le capitaine Dillon ne découvre, en septembre 1827, au milieu des récifs du nord des Nouvelles-Hébrides, des débris de navires et d'objets, témoins discrets d'un drame dont les scènes appartiendront pour jamais à cette mystérieuse puissance... l'Inconnu!

13. — Commencement de la guerre civile en Bretagne. Les paysans marchent sur Vannes; ils sont repoussés par la garde nationale et laissent un certain nombre des leurs, morts ou blessés; trente-deux sont faits prisonniers.

14. — Insurrection à Uzès. Même résultat. Trois commissaires sont envoyés à Vannes, dans le dessein d'apaiser les troubles du Morbihan, relatifs au décret sur le clergé.

Caisse d'escompte. — L'escompte des lettres de change ou effets de commerce, jusqu'à quatre-vingt-dix jours d'échéance, est réduit à quatre et demi pour cent. Dès le 15 janvier, le compte suivant avait été rendu, comme d'usage, aux actionnaires, par M. Lavoisier:

Sommes escomptées. . . . . Liv.	148,735,919
Intérêts reçus de divers.	4,239,381
Dépense et escompte de portefeuille.	495,556
Bénéfice net.	3,763,825
Dividende à répartir par action..	100
Réserve. . . . . . . , ...	13,825

18. — *Budget.* — Les dépenses générales pour 1791 sont arrêtées à 585,000,000.

19. — Départ de Mesdames, tantes du Roi. Elles ont éprouvé quelques difficultés à Moret; mais après une assez courte opposition, elles ont continué leur route et sont allées coucher à Auxerre.

20. Louis XVI écrit à l'Assemblée à l'occasion du départ de Mesdames. Il termine ainsi: « Comme « je suis persuadé qu'elles ne peuvent être privées « de la liberté qui appartient à chacun d'aller où « il veut, j'ai cru ne devoir ni ne pouvoir mettre « obstacle à leur départ, quoique je ne voie « qu'avec regret leur séparation d'avec moi. »

22. A sept heures du soir, le bruit se répand que Monsieur va quitter Paris. Une troupe de femmes courent au Luxembourg. Monsieur annonce qu'il est touché de leur sollicitude et assure qu'il n'abandonnera jamais le Roi.

23. Les habitants du faubourg Saint-Antoine calomniés, protestent, par l'organe de Milly, président du club des Ennemis du despotisme, contre la supposition perfide de leur projet d'incendier les barrières. Les habitants du faubourg, dit la note, savent que la suppression des droits d'entrée ne doit avoir lieu qu'à compter du 1er mai prochain; ils savent que l'on ne doit point se permettre d'anticiper sur ce délai, inséparable de l'esprit de justice qui l'a dicté : ils savent enfin que ce n'est point à eux qu'appartient l'exécution immédiate du décret sur les entrées, et encore moins de mettre le feu aux barrières de Paris. Les ouvriers du faubourg sont invariablement disposés à se soumettre à la loi, à soutenir de tout leur pouvoir les décrets de l'Assemblée nationale, pour le maintien de l'ordre et de la tranquillité publique.

Les ouvriers prennent leur misère en patience. Ils ne cèdent pas aux provocations de l'*Ami du peuple* qui ose écrire ces lignes : « Si l'on refuse « de vous accorder de prompts secours, rassem- « blez-vous en force, joignez-vous à l'armée; le « moment est venu où elle peut entendre ce lan- « gage; partagez-vous les terres et les richesses « des scélérats qui ont enfoui leur or pour vous « réduire, par la faim, à rentrer sous le joug... »

Tous les journaux sont à l'unisson de la menace et de la colère. Camille Desmoulins propose le décret suivant : « 1° Tout soldat autrichien, piémon- « tais ou autre, qui sera pris les armes à la main, « sera pendu sur l'heure comme brigand, ou fusillé « comme bête féroce; 2° Tout soldat ennemi qui, « honteux de servir dans un camp de tartares et « au milieu d'une horde de brigands, viendra « rendre ses armes et se réunir à des hommes, ses « frères, contre les loups d'Autriche, recevra une « portion de terre; le peuple Français affecte une « partie des biens du clergé, jusqu'à concurrence « de cent millions, pour récompenser ces honnêtes « déserteurs; 3° Tout déserteur ennemi, qui ap- « portera la tête d'un capitaine, recevra quatre « fois autant que le subdélégué payait dans l'an- « cien régime à celui qui apportait une tête de « loup. Le comité de liquidation et d'évaluation « présentera incessamment le tarif du prix de « toute tête, depuis celle du simple lieutenant « jusqu'à celle du feld-maréchal et du tyran. Il « sera pareillement fait une prisée ou estimation « de tous les membres, depuis une oreille jusqu'à « un quartier d'aristocrate; afin que si un guer- « rier se montrait aussi valeureux que David, qui « rapporta à Saül trois cents prépuces Philistins, « il ne trouve point le peuple Français plus avare « de récompenses que la nation Juive. »

Un journal de la Cour publie cette aménité, à l'adresse des représentants du Peuple :

> Du Jugement dernier l'image est le *manége,*
> A gauche on voit des *boucs* la horde sacrilége;
> Des *bons* un petit groupe est de l'autre côté :
> Tous recevront *bientôt* ce qu'ils ont mérité.
> La gloire est pour ceux-ci ; pour ceux-là la potence;
> Et cet horible jour est plus près qu'on ne pense.

On lit dans le *Journal des halles*, partisan de Lafayette :

« *Je devons* en conscience avertir MM. de la « nation que ces aigrefins dont le duc d'Orléans se « servit pour faire brûler la maison de Réveillon; « que les maquereaux et les chevaliers de la man- « chette de ce prince; que ses Goins, Lameth, « Barnave, Duport, d'Aiguillon, Marat, Danton, « mettent tout le monde en ribotte pour nous em- « paumer; que ce sont eux qui ont mis le feu aux « étoupes entre les vainqueurs de la Bastille et les « gardes-françaises, pour pouvoir encore pêcher « en eau trouble... Marat, qui se dit l'ami du « peuple, est un sacré gredin, qui s'est vendu à « un autre gredin, qu'on appelle Danton, grand « doge de la république des cordeliers, qui, à son « tour, est vendu au grand gredin le duc d'Or- « léans; ainsi voilà une chaîne de gredins qui ne « nous pèseront pas une once, maintenant que *je* « *savons* de quoi *y retourne.* »

Ces échantillons feront aisément comprendre où en était vers la fin de la Constituante *la liberté de la Presse*, et quelle direction les chefs de tous les partis donnaient alors à l'esprit public.

24. — Mesdames ont été arrêtées à Arnay-le-Duc, le 22. Le président en communique la nouvelle. Discussion animée, violente et surtout confuse, pendant laquelle M. Menou s'écrie : « Je « crois que l'Europe sera bien étonnée d'apprendre « que l'Assemblée nationale s'est occupée pendant « quatre heures du départ de deux dames qui « aiment mieux entendre la messe à Rome qu'à « Paris. » Sur la proposition de Mirabeau, l'Assemblée nationale, considérant qu'aucune loi existante du royaume ne s'oppose au libre voyage de Mesdames, tantes du Roi, déclare qu'il n'y a pas lieu à délibérer sur le procès-verbal de la commune d'Arnay-le-Duc ; renvoie l'affaire au Pouvoir exécutif.

26. — *Saint-Domingue.* Répression du soulèvement des mulâtres. Exécution d'Ogé, leur premier chef.

28. — Tentative sur Vincennes, dans le but avoué d'en démolir le donjon. La garde nationale fait 64 prisonniers.

Le matin, un individu porteur d'un couteau de chasse est arrêté aux Tuileries A quatre heures, sous le prétexte de défendre les jours du Roi, toute la noblesse, les officiers-généraux, les gardes-du-corps, des députés de la droite, arrivent au château, armés de pistolets, de coutelas, et généralement de poignards. La garde nationale devine un complot tendant à enlever le Roi ; elle chasse à coups de crosse la *fidèle noblesse* qui vient *défendre Sa Majesté.*

Ainsi l'émeute du donjon de Vincennes paraît être une diversion préparée par les soi-disant conspirateurs, surnommés depuis les *chevaliers du poignard.*

Aux Jacobins, Mirabeau est accusé de trahison.

1er Mars. — Effectif de l'armée de terre : 130,782 hommes, non compris les officiers.

État du personnel maritime :

80,375 matelots,
8,352 mousses,
9,145 capitaines, maîtres et pilotes.
784 volontaires,
13,232 ouvriers non navigateurs,
21,222 hors de service et invalides.

Forces navales : 82 vaisseaux, 67 frégates et 21 corvettes.

— Abolition de l'ordre de Malte.

2. — Arrestation à Strasbourg de Frénay père et fils, enrôlant pour le cardinal de Rohan et le comte d'Artois.

— Établissement de la contribution des patentes et suppression des corporations.

4. — Le Ministre de l'Intérieur prévient l'Assemblée que, malgré le décret rendu par elle, Mesdames sont toujours retenues prisonnières à Arnay-le-Duc.

— *Saint-Domingue.* Insurrection à Port-au-Prince contre les autorités supérieures ; les noirs et les mulâtres n'y prennent aucune part.

5. — Nouvelles de la Martinique. Les mulâtres libres et les nègres esclaves ayant des blancs à leur tête, continuent de parcourir les habitations des environs de Saint-Pierre et du Fort-Royal ; ils y commettent des actes de violence.

— M. Saint-Martin dénonce à l'Assemblée le *Journal des mécontents,* qui invite tous les mécontents du royaume à se rendre au camp de Jalès, en disant que ce camp est déjà composé de 30,000 hommes.

7. — Le Moniteur publie la liste des 229 sociétés départementales des Amis de la Constitution (Jacobins) affiliées à celle de Paris.

12. — Un décret ordonne de dresser la liste des prêtres réfractaires et celle des **prêtres constitutionnels.**

15. — Décret de révocation du don fait en décembre 1648 à Louis-Joseph de Bourbon-Condé, des comtés, terres et seigneuries de Stenay, Dun, Jametz, Clermont en Argone, des domaines et prévôtés de Varennes et des Montignons, leurs appartenances et dépendances formant le Clermontois.

Suppression de la rente de 600,000 livres audit prince, provenant d'un contrat du 15 février 1784.

Le prince de Condé est à Worms, où il commande en chef l'armée des émigrés.

17. — Installation de Mgr l'évêque de Lydda, promu au siège épiscopal de la Métropole.

18. — *Toulouse.* Depuis trois jours, collision entre les légions de la garde nationale. L'une se baptise elle-même la 2e de la Saint-Barthélemy. Cette légion est cassée, et les légionnaires traduits comme assassins.

20. — Le Roi vient d'être malade, et des bulletins de saignée, de selles, ont été publiés quotidiennement durant quinze jours dans le Moniteur. Aujourd'hui Te-Deum en réjouissance du rétablissement de l'auguste malade.

— Liberté de culture, de fabrication et de débit de tabac. La ferme et la régie supprimées.

25. — L'uniformité des poids et mesures est décrétée.

26. — Un secours provisoire de 50 millions est voté pour les dépenses arriérées de 1790.

L'ordre du jour appelle la discussion du décret sur la résidence du Roi.

M. Duval d'Espremenil dit qu'il est impossible

d'admettre ou même de traiter que le Roi peut, dans un cas déterminé, être puni ou déposé.

M. Thouret, rapporteur, cite la première phrase de son rapport. ainsi conçue : « La royauté, la plus « éminente des magistratures, est essentiellement « une fonction publique. » Il ajoute : « Voilà la « base de notre théorie, si la royauté est une « fonction, elle emporte des obligations et des en- « gagements. Qu'on nous démontre donc que la « royauté n'est pas une fonction publique. »

M. Cazalès combat l'article 8 du décret ainsi libellé : « Si le Roi sortait du royaume, et si, après « avoir été invité par une proclamation du corps « législatif, il ne rentrait pas en France, il serait « censé avoir abdiqué la royauté. » Au moment où il prononce ces mots : « S'il est des cas où le peuple peut détrôner son souverain légitime, ces cas sont tellement rares....... »

M. Duval l'interrompt en s'écriant : Jamais, jamais.

M. Cazalès termine son discours par cette dé- claration : « Quant à moi, je ne crains pas de dire « que délibérer sur cette matière, c'est une véri- « table trahison. Si, par une ivresse de pouvoir « qui l'a souvent égarée, l'Assemblée voulait dé- « libérer sur cette question, je lui déclare que je « ne prendrais nulle part à sa délibération. (On « murmure, on rit). Je jure de lui désobéir, « je jure de rester constamment fidèle au sang « d'Henri IV et de Saint-Louis ; je jure que, quels « que soient vos décrets et les événements, je ne « cesserai pas de défendre le sang de mes légi- « times souverains....... »

Les membres de l'extrême droite, debout et la main levée, s'écrient : « Tous, tous. »

M. Duval somme le comité d'établir ou d'aban- donner la théorie émise par le rapporteur.

M. Pétion. Pouvons-nous souffrir qu'on dé- grade, qu'on avilisse ainsi la nation? Nous sommes tous d'accord de ce principe incontestable que la nation est souveraine. On convient de ce principe, et cependant on en tire des conséquences absurdes et odieuses, et l'on entend dire ici, dans cette As- semblée, que la nation entière, la nation souve- raine, est composée de sujets du roi. Des citoyens libres ne sont sujets que de la loi ; en corps ils ne sont pas sujets d'un roi ; en corps ils sont souve- rains.

M. l'abbé Maury. M. le Président, rappelez l'o- pinant à l'ordre.

M. Cazalès. Il faut apprendre à M. Pétion que le Roi est la loi elle-même.

M. Pétion. Une autre vérité qui ne peut pas être contestée, c'est que le Roi est le sujet de la loi.

M. Custine. C'est une vérité qu'il faut croire et non expliquer.

M. Pétion. Le Roi étant sujet de la loi, je fais une hypothèse très-simple, et je prie qu'on y ré- ponde. Que le Roi entre dans le royaume à la tête d'une armée étrangère pour opprimer la nation, le Roi alors ne serait-il pas punissable?

A droite : Non, non.

L'abbé Maury. Henry IV devait donc être pendu ?

L'agitation augmente et gagne l'Assemblée tout entière.

27. — Le Roi ne pourra désormais habiter à plus de vingt lieues de la capitale.

— L'Assemblée suspend jusqu'au 15 avril l'exé- cution de la loi qui assujétit au droit de patente les courtiers et agents de change de commerce et de banque.

28. — Le club monarchique est assailli dans le lieu de ses séances par le peuple. Les sociétaires sont outragés et dispersés.

— Mirabeau, saisi de coliques, est subitement très-malade.

— Les 48 sections de Paris nomment 480 notables adjoints, destinés à assister aux actes de la procé- dure criminelle.

30. — Émission de 100 millions d'assignats de cinq livres. La dépréciation commence à se faire sentir sur cette valeur qui perd déjà dix pour cent sur le numéraire.

2 Avril. — Extrait de la séance.

M. Thouret, président. J'ai en ce moment une fonction bien douloureuse à remplir..... (un mur- mure sourd se répand dans la salle; on entend ces mots, plusieurs fois répétés : Ah! il est mort!!..). Je dois vous annoncer la perte prématurée que vous venez de faire de M. Mirabeau l'aîné;..... il est mort ce matin, à huit heures et demie. Je ne vous rappellerai pas les applaudissements que vous avez donnés si fréquemment à ses talents ; il a des titres bien plus grands à nos regrets et aux larmes que nous versons sur sa tombe. (Un morne silence règne dans toute l'Assemblée).

M. Barrère demande aussitôt que l'Assemblée dépose dans son procès-verbal le témoignage des regrets qu'elle donne à la perte de ce grand homme.

M. Larochefoucault-Liancourt. J'appuie la mo- tion de M. Barrère, par une considération qui sera, j'en suis sûr, d'un grand poids pour l'Assem- blée. Rappelez-vous qu'une des dernières fois que le collègue que nous regrettons en ce moment est monté à la tribune, il a pris l'engagement solennel de combattre les factieux, de quelque côté qu'ils soient. Cet engagement, que ses grands talents lui donnaient le moyen de remplir avec succès, lui a valu des applaudissements répétés ; il est un titre de plus, un titre bien précieux à vos regrets. Cet engagement a retenti dans les cœurs de tous les bons citoyens; il est l'engagement particulier, il est le devoir nécessaire de tous ceux qui sont dis- posés à tout sacrifier pour faire triompher l'intérêt public et le bien de l'État. Je demande qu'on aille aux voix.

Un ecclésiastique du côté droit demande que l'Assemblée fasse imprimer le travail de M. Mira- beau sur les successions.

M. Beaumetz. Hier, au milieu des souffrances,

il a fait appeler M. l'évêque d'Autun, et en lui remettant ce travail, il lui a demandé comme une dernière marque d'amitié qu'il voulût bien le lire à l'Assemblée. Je ne doute pas que M. l'évêque d'Autun ne s'empresse de remplir ce devoir sacré, et je ne crois pas que personne puisse lui refuser d'exercer ici les fonctions d'exécuteur testamentaire du grand homme que nous pleurons tous.

Le Président. — On a fait la motion d'envoyer une deputation aux funérailles de M. Mirabeau. (Un très-grand nombre de voix : Nous irons tous, tous.)

L'Assemblée décide à l'unanimité que ses regrets seront exprimés dans le procès-verbal ; que M. l'évêque d'Autun sera invité à faire lecture de l'ouvrage de M. Riquetti, et que cet ouvrage sera imprimé.

Le Directoire du département de Paris arrête de porter le deuil de Mirabeau pendant huit jours. Les spectacles seront fermés.

3. — L'Assemblée décrète que Honoré Riquetti Mirabeau a mérité les honneurs qui seront décernés par la nation aux grands hommes qui l'ont bien servie.

4. — *Décret* : 1° Le nouvel édifice de Sainte-Geneviève est destiné à recevoir les cendres des grands hommes, à dater de l'époque de notre liberté ; 2° l'Assemblée législative seule peut juger à quels hommes cet honneur sera décerné ; 3° quelques grands hommes, morts avant la révolution, Descartes, Voltaire, Rousseau, etc., pourront y être admis ; 4° le Directoire fera graver, au-dessus du fronton, ces mots : *Aux grands hommes la patrie reconnaissante.*

L'Assemblée décide en outre de se rendre en corps au convoi de Mirabeau. Les obsèques ont lieu à quatre heures. Les députés, la garde nationale, l'armée, les cent-Suisses, les gardes de la prévôté, Lafayette, le clergé, les vétérans, les enfants, les électeurs, les députés des quarante-huit sections, le département, la municipalité, les juges des tribunaux de Paris, les officiers municipaux de divers lieux circonvoisins, la société des jacobins, les ministres du Roi, la société de 1789, toutes les sociétés fraternelles, tous les clubs de Paris, tous les citoyens, en un mot, la nation entière assistait à cette cérémonie dont la qualification échappe à toute plume. A minuit seulement, le cortége est arrivé à Sainte-Geneviève, et le corps de Mirabeau a été déposé auprès de celui de Descartes.

6. — Suppression des apanages.

7. — Un député ne pourra être ministre que quatre ans après la législature.

10. — Le nombre des ministres est borné à 5.

11. — Le traitement d'un ministre est fixé à 100,000 livres.

17. — Le peuple exerce des violences sur les prêtres réfractaires qui disent la messe aux Théatins.

18. — Louis XVI, escorté d'un détachement de garde nationale commandé par Lafayette, veut se rendre à Saint-Cloud. Le peuple attroupé s'oppose au départ. Lafayette, irrité, se démet du commandement général.

19. — Le Roi se rend à l'Assemblée. Il déclare persister dans l'intention d'aller à Saint-Cloud.

21. — Lafayette retire sa démission.

22. — Plainte du Roi au Directoire, au sujet d'une affiche apposée aux portes de son palais, et dénonçant des relais établis sur la route de Paris à Compiègne, pour favoriser son départ. Il déclare cette imputation calomnieuse.

23. — Le Roi ordonne à ses agents près des cours étrangères de leur annoncer qu'il a prêté serment à la Constitution, et qualifie de *calomnie atroce* la supposition du défaut de liberté dans ses actes.

27. — Le Directoire du département et la municipalité réclament de l'Assemblée : 1° un code pénal contre les écrits ; 2° une loi sur les affiches ; 3° une autre sur le droit de pétition.

Les autorités parisiennes ne tiennent aucun compte, dans cette circonstance, des principes énoncés dans la déclaration des droits, principes consacrés par le vote de la Constituante.

— Attroupements d'ouvriers qui réclament une augmentation de salaire.

4 MAI. — Le comtat Venaissin et la ville d'Avignon seront réunis à la France.

10. *M. Legrand* demande qu'on fasse une loi pour empêcher qu'on puisse placarder des calomnies contre les citoyens, nuitamment par exemple.

M. Prieur. Quand vous feriez une loi contre les placards calomnieux, je demande si vous empêcheriez qu'on affichât nuitamment. Voulez-vous au contraire consacrer les principes de la liberté ? Les écrits calomnieux et incendiaires tomberont dans le mépris. Voulez-vous détruire l'effet des placards incendiaires, calomnieux et factieux ? Laissez en couvrir les murailles, et bientôt ils tomberont dans l'avilissement. Si vous les défendez, ils deviendront rares ; plus ils seront rares, plus ils seront recherchés, et plus ils feront d'effet. Et voici la preuve de ce que j'avance. La calomnie n'a-t-elle pas épuisé ses poignards contre nous ? Ses libelles se vendaient dans les rues ; vos corridors en étaient pleins ; aujourd'hui, il n'y en a plus. On me dit qu'il y a encore *l'abbé Royou*, *l'Ami du peuple* ; je dis qu'ils ne sont plus lus que par les insensés, et que non-seulement tous ces libelles ne se vendent plus, mais que les honnêtes gens n'en veulent plus pour rien. Laissez donc une liberté entière, et les mauvais écrits tomberont d'eux-mêmes dans le néant.... Le droit d'affiche doit être respecté comme tout autre moyen de manifester sa pensée.

L'Assemblée décrète : Aucune affiche ne pourra être faite sans un nom collectif. Tous les citoyens qui auront concouru à une affiche, seront tenus de la signer.

15. — Égalité des droits avec les blancs, pour les gens de couleur résidant aux colonies et nés de parents libres.

16. — La Constituante, sur la proposition de Robespierre, décide à la presque unanimité que ses membres ne pourront être élus à la prochaine législature.

Dans un discours couronné des bravos de l'Assemblée, Robespierre a soutenu sa proposition par des considérations d'une haute portée. Je donnerai seulement la conclusion de ce morceau remarquable :

« On dit qu'empêcher la réélection, c'est atten-
« ter à la souveraineté du peuple ! D'abord, les
« partisans de la réélection, qui tiennent ce lan-
« gage, ont-ils réclamé contre le décret du marc
« d'argent ? En second lieu, n'est-ce pas au nom
« du peuple que vous faites des lois ? Et qui peut
« douter que la nation, si elle était ici, ne pût
« convenir des règles qu'elle suivrait dans ses
« élections pour se défendre elle-même contre l'er-
« reur et la surprise ? Athlètes victorieux, mais
« fatigués, laissons la carrière à des successeurs
« frais et vigoureux, que nos regards seuls empê-
« cheront de trahir leur gloire et leur patrie. Pour
« nous, hors de l'Assemblée législative, nous ser-
« virons mieux notre pays qu'en restant dans son
« sein : répandus sur toutes les parties de cet em-
« pire, nous éclairerons ceux de nos concitoyens
« qui ont besoin de lumières ; nous propagerons
« partout l'esprit public, l'amour de la paix, de
« l'ordre, des lois et de la liberté. (Salves d'ap-
« plaudissements.).... Rien n'élève les âmes des
« peuples, rien ne forme les mœurs publiques
« comme les vertus des législateurs ; donnez à vos
« concitoyens ce grand exemple d'amour pour l'é-
« galité, d'attachement exclusif au bonheur de la
« patrie ; et que les Français doutent à quelle époque,
« le commencement ou la fin de votre carrière,
« vous vous êtes montrés plus purs, plus grands,
« plus dignes de leur confiance ! »

24. — L'Assemblée délibère sur l'incorporation des Avignonais à la France. Deux incidents troublent la séance. D'abord, des cris s'étant fait entendre au dehors, cris de *bravo, Avignon est à la France !* la droite se lève en tumulte, et demande à lever la séance. « Ce n'est rien, dit M. Foucault, « ce sont d'honnêtes gens qui vous disent : « Pre- « nez Avignon, ou vous serez pendus. » Plus tard, pendant un appel nominal, le secrétaire nomme *M. Faucigny.* Celui-ci s'écrie : « Avez-vous ou- « blié mes protestations ? Je m'appelle M. le comte « de Faucigny-Lucinges. » Cette insulte à la loi irrite la gauche. Elle crie : A l'ordre, à l'Abbaye ! *M. Faucigny.* Ce sont nos vrais noms, et nous les soutiendrons. (Redoublements d'exclamations. Une voix : Il est fou, messieurs !)

La réunion d'Avignon à la France est décrétée.

26 — Deux levées sont décrétées : 75,000 hommes compléteront l'armée de terre ; 25,000 hommes, la marine. Le traitement des hauts grades dans l'armée de mer est fixé comme suit : Un amiral, 30,000 livres, un vice-amiral, 15,000 livres, un contre-amiral, 8,000 livres.

27. — Les assemblées primaires se réuniront du 12 au 15 juin, et les assemblées électorales le 5 juillet. L'ordre du jour est adopté sur une proposition de Robespierre, tendant à faire déclarer citoyens actifs tous les Français domiciliés.

29. — Le *Moniteur* publie le tableau de la répartition des 300 millions de contributions foncières et mobilières de 1791, et des députés que chaque département enverra à la législature. Le nombre des députés sera de 747.

31. — La division existe entre la municipalité d'Avignon et son armée. La première a décrété de prise de corps les chefs de cette armée, et ceux-ci menacent la ville du pillage et du massacre. Le général Jourdan, dit coupe-tête, écrit que la vengeance bouillonne dans ses veines.

1er JUIN. — Paris compte 77,371 citoyens actifs. Ces citoyens nommeront 779 électeurs, qui, réunis à ceux de Bourg-la-Reine et de Saint-Denis, procéderont à la nomination des 24 députés du département de Paris à la première législature et aux autres nominations qui leur sont déléguées comme corps électoral.

— Publicité donnée à deux contre-lettres écrites par le Roi, en atténuation de la déclaration faite en son nom par M. Montmorin aux puissances étrangères.

— A l'Assemblée, la droite demande que l'on chasse les rédacteurs de journaux de leur tribune ; mais, après un débat passionné, la majorité décide de passer à l'ordre du jour.

— Premier numéro du *Journal des séances des jacobins.*

Corse. — Insurrection à Bastia. Une procession est le signal de la révolte ; le cri : « Vive notre religion ! » Le Directoire est forcé de s'embarquer pour l'Italie, et Buonarotti, journaliste patriote, est expulsé.

3. — Abolition de la torture et de la marque. La décollation par la guillotine est le seul genre de mort applicable aux condamnés.

5. — Le droit de faire grâce est retiré au Roi.

9. — Les fonctions d'administrateurs, de juges, de commandant de la garde nationale, sont déclarées incompatibles avec celle de député.

10. — Protestation secrète du Roi contre toutes les sanctions données ou à donner aux décrets de l'Assemblée nationale.

11.—Un décret ordonne au prince de Condé de rentrer en France, sous peine de confiscation et de mise hors la loi.

14. — Toutes délibérations sont interdites aux ouvriers, ainsi que toutes conventions entre eux relatives à la fixation du salaire, du travail ou du repos.

Ainsi, la Constituante plante son drapeau entre le peuple et la royauté; elle dresse ses tentes dans le camp de la bourgeoisie; elle accepte le peuple pour auxiliaire politique, et le répudie à la moindre tentative d'amélioration sociale. C'est là, ce me semble, un appel tacite à de violentes réactions. L'ordre politique ne comprendra-t-il donc jamais qu'il lui est impossible de prendre racine dans le désordre social !

16. — *L'abbé Maury* répond à des interruptions violentes: Vous demandez l'ordre du jour; moi, je demande le jour de l'ordre. Le soir, une députation des enfants de la paroisse métropolitaine est admise à la barre; ils prêtent le serment.

M. Folleville blâme cette cérémonie enfantine.

M. l'abbé Maury. Ce n'est point une cérémonie enfantine dont nous venons d'être les témoins, c'est une cérémonie puérile. (Rires à droite.)

M. Chabroud. Je ne sais si toute l'Assemblée a été frappée comme moi du ton d'insolence que depuis plusieurs jours.... (La gauche applaudit.... Cinquante membres de la droite s'élancent au milieu de la salle, et menacent du geste la partie gauche.)

M. Verthamon pendant le tumulte : Ah ! c'est ce J... f..... là qui ....

M. Chabroud est à la tribune les bras croisés.

M. Foucault. Je demande à M. Chabroud qu'il s'explique, ou bien je déclare que je prends personnellement l'insulte qu'il a faite à ceux qui n'ont pas la même opinion que lui. Le désordre s'accroît. Les membres de la droite restent en désordre au milieu de la salle. *M. Malouet* demande justice de l'insulte... et les enfants sont toujours là !

19. — La société du serment du Jeu de Paume se rend aujourd'hui, dimanche, à Versailles. pour y célébrer l'anniversaire du serment prêté par l'Assemblée nationale.

— Robespierre est élu accusateur public.

21. — Fuite du Roi. Le *Moniteur* l'annonce à la France en ces termes : Municipalité de Paris, du mardi 21 juin 1791, dix heures du matin. Le Roi a été enlevé cette nuit, vers les deux heures, sans que l'on sache la route qu'il a prise. Aussitôt que la municipalité a été instruite de ce départ, elle a pris les mesures les plus promptes pour découvrir sa route. L'Assemblée nationale a pris toutes les mesures que la circonstance exige ; elle attend des citoyens le calme nécessaire pour leur exécution. L'assemblée du conseil de la commune est convoquée ; on envoie des avertissements aux départements et municipalités pour être en garde contre les ennemis intérieurs ; tous les bons citoyens sont invités au courage, et surtout au bon ordre. En conséquence, le conseil arrête que le devant de toutes les maisons sera illuminé la nuit prochaine et les suivantes ; invite tous les citoyens à se conformer à cette disposition. Signé Bailly, maire.

Les détails suivants, sur l'exécution de la fuite, sont avérés : « Le Roi prend un frac brun et une
« perruque pour se déguiser en valet-de-chambre,
« tandis qu'on habille le dauphin en petite fille.
« Tous sortent vers minuit, d'abord les deux en-
« fants avec madame de Tourzel, puis madame
« Élisabeth avec M. de Saint-Pardoux; puis le Roi
« avec un des gardes du corps, puis enfin la Reine
« avec un autre garde du corps. Tous se rendent
« directement dans une remise ou fiacre, qui les
« attend sur la place du Petit-Carrousel, excepté
« la Reine, qui s'égare pendant une heure. On
« part; mais le comte de Fersen, qui conduit la
« voiture, s'égare aussi sur les boulevarts et dans
« les rues, et n'arrive à la barrière Saint-Martin,
« où se trouve la berline, qu'après avoir encore
« perdu près d'une heure. La famille entre enfin
« dans la berline à six chevaux; deux dames de
« service montent dans une autre à cinq chevaux,
« deux des gardes du corps sont sur le siège, le
« troisième part devant en courrier pour faire
« préparer les relais, et les fugitifs s'élancent vers
« Montmédy, où les attend Bouillé avec son régi-
« ment royal-allemand, tandis que Monsieur et sa
« femme prennent une autre route pour se rendre
« à Bruxelles. Et voilà la prédiction du prophète
« Marat réalisée! »

Le *Journal de la cour et de la ville* invite ce matin « tous ceux qui pourraient être compris
« dans l'amnistie du prince de Condé à se faire
« inscrire à son bureau d'ici au mois d'août. Nous
« aurons, dit la feuille royaliste, quinze cents re-
« gistres pour la commodité du public ; nous n'en
« excepterons que cent cinquante individus, dont
« nous donnerons incessamment le nom et le si-
« gnalement. » Quelle audace !... Mais aussi !...

En partant, Louis XVI laisse un manifeste dans lequel il se plaint d'être prisonnier depuis le 6 octobre 1789, d'avoir été contraint d'éloigner ses gardes du corps, d'avoir été mis hors la Constitution, d'avoir vu son action annulée par celle des jacobins, etc. Il reproche à l'Assemblée de tendre à un gouvernement métaphysique, impossible dans son exécution, et, dans l'impossibilité où il se trouve d'empêcher le mal, il est naturel qu'il ait cherché à se mettre en sûreté. Il défend aux ministres de signer aucun ordre en son nom, et enjoint au garde des sceaux de lui envoyer le sceau de l'État.

Le Roi et la famille royale sont arrêtés le soir même à Varennes, par Drouet et son fils, maîtres de poste à Sainte-Menehould.

22. — Marat demande un tribun militaire, un dictateur suprême.

Le club des Cordeliers demande la République.

23. — Aux Jacobins, Danton propose d'interdire

le Roi, et de le déclarer imbécile pour ne pas le déclarer criminel.

25. — Décret. Art. 1er. Aussitôt que le Roi sera arrivé au château des Tuileries, il lui sera donné provisoirement une garde qui, sous les ordres du commandant général, veillera à sa sûreté, et répondra de sa personne. Art. 2. Il sera provisoirement donné à l'héritier présomptif de la couronne une garde particulière, et il lui sera nommé un gouverneur par l'Assemblée. Art. 3. Tous ceux qui ont accompagné la famille royale seront mis en état d'arrestation et interrogés ; le Roi et la Reine seront entendus dans leurs déclarations, le tout sans délai, pour être pris, par l'Assemblée, les résolutions qui seront jugées nécessaires. Art. 4. Il sera provisoirement donné une garde particulière à la Reine. Art. 5. Jusqu'à ce qu'il en ait été autrement ordonné, le décret du 21 juin, qui enjoint au ministre de la justice d'apposer le sceau de l'État aux décrets de l'Assemblée, sans qu'il soit besoin de la sanction et de l'acceptation du Roi, continuera d'être exécuté. Art. 6. Les ministres demeurent autorisés provisoirement à faire, chacun dans son département et sous sa responsabilité, les fonctions du pouvoir exécutif.

26. — Robespierre demande que le Roi soit jugé selon les formes ordinaires de la justice, c'est-à-dire comme fonctionnaire public, et sa femme comme simple citoyenne.

Bouillé écrit à l'Assemblée une lettre injurieuse. Après avoir pris sur lui la responsabilité du complot contre l'*infernale* constitution, il achève ainsi sa ridicule missive : « C'est moi seul qui ai tout « ordonné ; c'est contre moi seul que vous devez « aiguiser vos poignards, et préparer vos poisons. « Vous répondez des jours du Roi et de la Reine à « tous les rois de l'univers ; si on leur ôte un che- « veu de la tête, il ne restera pas pierres sur « pierres à Paris. Je connais les chemins ; je gui- « derai les armées étrangères. Cette lettre n'est « que l'avant-coureur du manifeste des souverains « de l'Europe. Adieu, Messieurs. »

2 JUILLET. — Sur la fausse nouvelle d'une invasion espagnole, les habitants de la Gironde se lèvent en masse pour voler à la frontière. Cet élan est le présage du sort réservé à nos ennemis, s'ils osent attenter à notre souveraineté.

— Lafayette traite de calomniateurs ceux qui l'accusent de vouloir la République.

7. — Au milieu de ces grands débats, de cette mitraille réciproque d'injures entre la cour, les clubs monarchiques, les curés réfractaires, les journaux royalistes d'une part, et l'Assemblée, les jacobins et cordeliers, la presse patriote de l'autre, on voit poindre un nouveau parti, celui de la République. Le nom de Républicain est jeté d'abord en stigmate, accepté par les uns, renié par les autres, puis discuté par tous. Thomas Payne l'accepte franchement dans cette phrase d'une lettre à Sieyès : « Vous proposez aux républicain de

« bonne foi un défi sur le sujet du gouvernement, « où vous offrez de défendre ce qu'on appelle « l'opinion monarchique contre le système répu- « blicain. J'accepte avec plaisir votre défi, et j'ai « une telle confiance dans la supériorité du sys- « tème républicain sur cette nullité de système « nommé monarchie, que je m'engage à ne point « excéder l'étendue de cinquante pages, en vous « laissant la liberté de prendre toute la latitude « qui vous conviendra. »

Aux Cordeliers, une députation d'ouvriers prête ce serment : Citoyens, nous jurons à Dieu et aux hommes d'être fidèles à la nation et à la loi ! Mais point de roi !

A la porte même de l'Assemblée est affiché le prospectus d'un journal dit : *le Républicain.*

10. — Aux Jacobins, Brissot répond à ceux qui s'effrayent des menaces et des préparatifs des puissances étrangères : « Qu'êtes-vous ? Un peuple « libre ; et on vous menace de quelques brigands « couronnés, de quelques meutes d'esclaves ! « Athènes et Sparte ont-elles jamais craint les ar- « mées innombrables que les despotes de la Perse « traînaient à leur suite ? A-t-on dit à Miltiade, à « Cimon, à Aristide : Recevez un roi, ou vous pé- « rirez ! Ils auraient répondu dans un langage « digne des Grecs : Nous nous verrons à Mara- « thon, à Salamine ! Et les Français aussi auront « leur Marathon, leur Salamine, s'il est des puis- « sances assez folles pour les attaquer ! »

— Les jacobins adressent le même jour aux sociétés qui leur sont affiliées cette recommandation : Imitez-nous. Aucun citoyen ne peut s'asseoir à nos côtés qu'il n'ait fait preuve, devant la société, de l'acquittement de ses impositions.

11. — Le 30 mai 1778, les prêtres de Paris refusèrent la sépulture à l'auteur de ces deux vers :

Les prêtres ne sont pas ce qu'un vain peuple pense,
Notre crédulité fait toute leur science.

Le 30 mai 1791, l'Assemblée constituante décerne à Voltaire les honneurs du Panthéon. Aujourd'hui, translation des cendres du grand philosophe. La cérémonie a lieu par une pluie battante.

On remarque dans le cortège les ouvriers employés à la démolition de la Bastille, et portant des chaînes, des boulets et des cuirasses trouvés lors de la prise de cette forteresse ; un groupe de citoyens armés de piques, dont une était surmontée du bonnet de la liberté, et de cette devise : *de ce fer naquit la liberté.* Les académies et les gens de lettres environnent un coffre d'or renfermant les soixante-dix volumes de ses œuvres, donnés par Beaumarchais. Au milieu d'une foule d'inscriptions, on distingue celles-ci :

Si l'homme est né libre, il doit se gouverner.

Si l'homme a des tyrans, il doit les détrôner.

Son esprit est partout, et son cœur est ici.

Il fit Irène à quatre-vingt-trois ans.

A 17 ans, il fit Œdipe.

14. — Célébration du deuxième anniversaire de la prise de la Bastille.

15. — Attendu qu'il résulte des pièces, que Bouillé a conçu le projet de renverser la Constitution ; qu'à cet effet il a cherché à se faire un parti dans le royaume, sollicité et exécuté des ordres non contre-signés, attiré le Roi à Montmédy, préparé un camp, tenté de corrompre les soldats, engagé la troupe à la désertion pour s'unir à lui, sollicité les puissances voisines à une invasion, l'Assemblée nationale décrète qu'il y a lieu à accusation devant la haute cour nationale d'Orléans, contre Bouillé et contre les vingt-deux officiers supérieurs, les trois gardes-du-corps et le comte de Fersen, complices du complot dudit Bouillé.

16. — Pétition des Jacobins. Ils demandent la déchéance du Roi. Les pétitionnaires, conformément à la loi, déclarent à la municipalité leur intention de se réunir au Champ-de-Mars pour signer la pétition. La municipalité approuve. Les sociétés patriotiques se réunissent autour de l'autel de la patrie, et la pétition est lue, commentée, corrigée. La signature est ajournée à demain.

17. — Dès le matin le peuple se rend au Champ-de-Mars. Deux hommes sont découverts, cachés sous l'autel de la patrie. Suivant les uns, ils déclarent qu'ils voulaient voir les jambes des femmes, suivant d'autres, ils avouent qu'ils sont mouchards. Ils sont arrêtés ; plus tard la foule les enlève à l'escorte et les pend. Leurs têtes sont coupées et portées dans Paris au bout de deux piques. L'autorité laisse passer cette manifestation dégoûtante. A deux heures, la municipalité fait proclamer la loi martiale. A huit heures et demie du soir, le conseil municipal, Bailly, Lafayette et la garde nationale arrivent au Champ-de-Mars. Le drapeau rouge est déployé. La fusillade commence et l'autel est couvert de cadavres. Plus de dix mille citoyens, il est vrai, composent la réunion ; mais aucun homme du peuple n'est armé, et les femmes et les enfants forment la majorité des pétitionnaires. Lafayette a douze cents gardes nationaux, deux escadrons de cavalerie et trois pièces de canon. Pas un garde national n'est tué. Camille Desmoulins a peut-être trouvé le mot de cette sanglante énigme quand il dit : « Ceux qui ont fait pendre un hom-« me, le boulanger François, pour obtenir la loi « martiale, en font pendre deux pour la mettre à « exécution. » Ce qui donne consistance à cette assertion, c'est le système de terreur suivi dès le lendemain à l'égard des journaux et des clubs, même et surtout de ceux qui n'avaient pris aucune part à la manifestation du Champ-de-Mars.

18. — Deux millions sont votés en faveur des personnes qui ont concouru à l'arrestation du Roi. Si l'on admettait comme ayant droit tous les prétendants à la distribution, y aurait-il un écu pour chacun !

22. — Extrait du Moniteur. On a arrêté hier M. Verrières, membre du club des Cordeliers, défenseur de M. Santerre dans la cause contre M. Lafayette. On dit que M. Verrières est l'auteur du journal intitulé : l'*Ami du Peuple*, par Marat. On a saisi ses presses et ses papiers. Mademoiselle Colombe, directrice de l'imprimerie, a été aussi conduite en prison. On est allé pour saisir M. Fréron, auteur de l'*Orateur du Peuple*, mais on ne l'a pas trouvé chez lui. M. Sulleau, auteur de plusieurs productions aristocratiques, est aussi arrêté. MM Legendre, Danton et Camille Desmoulins ont quitté Paris ; on assure qu'il y avait ordre de les constituer prisonniers. Les deux hommes soupçonnés d'être les auteurs du meurtre commis dimanche au champ de la fédération, sont arrêtés. Celui qui avait été relâché par les ordres de M. Lafayette n'est pas encore pris. La société des Amis de la Constitution se trouve en ce moment divisée. Paris est tranquille. Le drapeau rouge est encore suspendu à la maison commune. On a arrêté l'auteur d'un ouvrage intitulé : le *Père Duchesne*. L'*Ami du Roi*, le *Journal de la cour et de la ville*, et la *Gazette de Paris* n'ont pas paru aujourd'hui.

28. — Mobilisation de 97,000 gardes nationaux. Création d'un comité des assignats.

30. — Suppression des ordres de chevalerie et des qualifications distinctives de naissance.

7 AOUT. — Le drapeau rouge est retiré. Le drapeau blanc le remplace pendant huit jours à la croisée de l'Hôtel-de-Ville.

8. — Commencement de la discussion sur l'ensemble et la révision définitive de la constitution.

9. — Le tribunal du deuxième arrondissement, séant aux Petits Pères, rend un jugement sur appel, qui condamne la veuve Desbleds, pour cause de maquerèlage, à être promenée sur un âne dans les lieux et carrefours accoutumés de la ville de Paris, notamment à la place du Palais-Royal, avec écriteau devant et derrière, portant ces mots : *Femme corruptrice de la jeunesse* ; ensuite à être fouettée, marquée et renfermée pour trois ans à l'hôpital.

21. — Robespierre prend parti pour les nègres révoltés, et prononce ces paroles devenues célèbres : « Périssent les colonies plutôt qu'un principe ! »

22. — Commencement de la terrible insurrection de Saint-Domingue.

3 SEPTEMBRE. — L'Assemblée nationale décrète que l'acte constitutionnel est clos, et qu'il n'y sera fait aucun changement.

8. — Effervescence populaire occasionnée par l'augmentation subite du prix des farines.

10. — Lettre de Monsieur et du comte d'Artois engageant Louis XVI à la résistance.

11. — Lettre au Roi, dans le même sens, des prince de Condé, duc de Bourbon et duc d'Enghien. Illustres conseillers, vous êtes forts de l'adage !

12. — La garde nationale de Paris restera composée de 60 bataillons formant six légions, à cinq compagnies par bataillon. Chaque chef de légion exercera le commandement pendant un mois, à tour de rôle.

14. — Le Roi entre dans la salle accompagné de tous ses ministres, n'ayant d'autre décoration que la croix de Saint-Louis. L'Assemblée se lève. Le Roi va se placer à côté du président. « Messieurs, dit-il, je viens consacrer ici solennellement l'acceptation que j'ai donnée à l'acte constitutionnel. En conséquence, je jure... (l'Assemblée s'assied) d'être fidèle à la nation, et à la loi, d'employer tout le pouvoir qui m'est délégué à maintenir la Constitution décrétée par l'Assemblée nationale constituante, et à faire exécuter les lois. (Le Roi s'assied). Puisse cette grande et mémorable époque être celle du rétablissement de la paix, de l'union, et devenir le gage du bonheur du peuple et de la prosperité de l'empire ! »

L'Assemblée reconduit le Roi aux Tuileries, au bruit de la musique et du canon. Rentré dans son palais, Louis XVI pleure en se rappelant que les députés se sont assis et couverts en sa présence. — Suppression de la censure. Amnistie générale.

21. — Création d'une école des ingénieurs-constructeurs.

23. — Institution du cadastre.

25. — Abolition de la marque et du bannissement à temps.
— Loi sur la bigamie qui sera punie de douze ans de fer.
— Fête publique en réjouissance de l'achèvement et de l'acceptation de la Constitution.

26. — La Constituante rend responsable de la valeur des grains les départements, les districts et les municipalités où il se serait commis quelque violation à la loi de la libre circulation.

27. — Les Juifs reçoivent le titre et les droits de citoyens actifs.

28. — Tout nègre qui touchera le sol français sera libre.

29. — Décret interdisant aux clubs l'affiliation et la correspondance.

30. — M. Delahaye, roi d'armes des Francais, et quatre hérauts d'armes, proclament, de par le Roi, la Constitution dans Paris !
Dernière séance de la Constituante. L'Assemblée reçoit le corps municipal, le directoire du département, puis le Roi et ses ministres. M. Target fait ensuite lecture du procès-verbal de la séance. A quatre heures, le président prend la parole : « L'Assemblée nationale constituante déclare qu'elle a rempli sa mission, et que toutes ses séances sont terminées. » Le peuple encombre les avenues de la salle. A leur sortie. Robespierre et Pétion sont portés en triomphe. Une couronne de chêne est posée sur la tête du premier.

La Constituante a rendu deux mille cinq cents décrets en moins de vingt-neuf mois d'existence.

En parcourant la galerie révolutionnaire, les lecteurs se demanderont sans doute si l'histoire pourra fournir une seconde fois le spectacle d'une réunion aussi nombreuse d'illustrations politiques. Hélas ! tant de talents et si peu de vertus !

1ᵉʳ Octobre. — Première séance de l'Assemblée nationale législative, sous la présidence de Pastoret. Douze vieillards vont chercher solennellement la Constitution, et chaque député vient à la tribune, prête sur le livre sacré le serment de fidélité à la loi constitutionnelle.

5. — La Législative supprime les titres de Sire et de Majesté. On ne distingue bientôt plus rien à supprimer, si ce n'est le Roi lui-même. Or, voilà un début significatif.

6. — Nouvelle organisation du notariat.

7. — Le Roi vient en personne faire l'ouverture de la session. L'Assemblée lui rend ses titres de Sire et de Majesté.

8. — Lafayette dépose le commandement général de la garde nationale, et dans une lettre d'adieux publics à ses compagnons, il se porte garant de la loyauté du Roi.

9. — Charton, chef de la 1ʳᵉ légion, remplace Lafayette, aux termes de la nouvelle loi.

10. — Une épée à garde d'or est offerte par la garde nationale de Paris à son ancien commandant, avec cette inscription :
A Lafayette, l'Armée Parisienne Reconnaissante, l'an III de la Liberté.
Une médaille en son honneur est frappée, et la commune lui offre une statue de Washington.

12. — Le comité des recherches cesse ses fonctions, par arrêté du conseil général de la commune.

13. — Le Roi écrit au commandant des ports, afin d'arrêter l'émigration dans le corps de la marine.

14. — Louis XVI engage les émigrés à se rallier à la Constitution.

15. — La Législative *exclut les expressions d'honorables membres.*

16. — Encore des atrocités à Avignon. La bande du coupe-tête Jourdan massacre, assassine et noie une foule de victimes.

19. — Décret d'un code militaire.

21. — Promulgation d'un code ou instruction pour la procédure criminelle.

23. — La sœur de Mirabeau démontre la fausseté de la qualification d'insolvable donnée à feu son frère par l'exécuteur testamentaire Frochot.
— Destitution des professeurs qui n'ont pas prêté le serment civique.

28. — En cas de prolongation d'absence de deux mois, Monsieur, frère du Roi, est déchu de son droit éventuel à la régence.

31. — Le ministre présente le tableau des forces navales : 246 bâtiments, dont 86 vaisseaux de ligne et 78 frégates, 80,000 officiers et matelots.

1er Novembre. — Nouvelle émission de 200 millions d'assignats.

3. — Robespierre est accueilli avec enthousiasme par les habitants de Béthune. Les autorités le reçoivent avec froideur, et refusent de se joindre à la manifestation populaire, sous le prétexte que M. Robespierre *n'est pas en place*.

4. — A Saint-Omer, arrestation par le peuple de quatre bateaux chargés de grains.

5. — Suppression absolue des étalages dans les rues et sur les ponts de Paris.

9. — Décret sévère contre les émigrés.

11. — Dans deux nouvelles lettres à ses frères, le Roi invoque les considérations de la tranquillité publique et de son repos personnel. Ces lettres, destinées à la publicité, sont contredites par des missives confidentielles. Madame Campan l'atteste dans ses mémoires. Et d'ailleurs, n'était-il pas de notoriété publique, à l'époque, que chaque émigrant, à son départ, allait saluer la cour?

12. — Le Roi oppose son veto au décret contre les émigrés.
— Emeute sérieuse au marché de Melun.

17. — Pétion est élu maire de Paris, et proclamé le *vertueux* par les jacobins. La candidature de Lafayette a échoué par les manœuvres de la cour qui dépensent, dit-on, cent mille écus pour écarter un homme odieux à la reine.

20. — Placard affiché dans Paris : « De par les « princes du sang royal de France, de présent à « Coblentz et à Worms, on fait savoir que les « princes, indignés de l'audace criminelle des « gens siégeant au manége de Paris, appellent « à Dieu, au Roi et à leur épée, du décret rendu « contre eux le 9 du présent mois, bien certains « que les bons citoyens de cette ville ne sont « point complices de cet attentat. »

22. — *Saint-Domingue*. Incendie total du Port-au-Prince à la suite d'un combat entre les blancs et les hommes de couleur.

25. — Création d'un comité de surveillance, renouvelable par trimestre, irresponsable, et ayant droit d'ordonner des visites domiciliaires.

27. — *Valence*. Première assemblée solennelle des protestants dans l'église de Saint-François, dont le portique est couronné d'une inscription en lettres d'or portant ces mots : « Sous les auspices « de l'Etre suprême. Droits de l'homme et du ci- « toyen. Culte public. »

29. — Décret contre les prêtres non assermentés. Ils ne pourront exercer leurs fonctions, ne recevront aucun traitement, et pourront être emprisonnés.
Par un message pressant, l'Assemblée demande au Roi de retirer son veto au décret contre les émigrés. Elle réclame en outre des mesures sévères contre eux.

2 Décembre. — Manuel est nommé procureur syndic de la commune de Paris.

4. — Volney, indigné de la protection accordée aux émigrés par l'impératrice de Russie, renvoie à Catherine la médaille d'or qu'il en avait reçue en 1788, en félicitation de son livre intitulé : *Voyage en Egypte et en Syrie.*

5. — Le Directoire de Paris prie le Roi d'apposer son veto au décret contre les prêtres.

6. De Coblentz, *Monsieur* envoie à l'Assemblée la réponse suivante imprimée : « Gens de l'Assem- « blée française se disant nationale, la saine raison « vous requiert, en vertu du titre 1er, chapitre 1er, « section 1re art. 1er des lois imprescriptibles du « sens commun, de rentrer en vous mêmes, dans « le délai de deux mois, à compter de ce jour; « faute de quoi, et après l'expiration dudit délai, « vous serez censés avoir abdiqué votre droit à la « qualité d'êtres raisonnables, et serez considérés « comme des fous enragés dignes des Petites- « Maisons. » La postérité flétrira ces bravades insensées dont l'effet immanquable est d'accumuler toutes les haines populaires sur une seule tête !

14. — Louis XVI se rend à l'Assemblée. Il notifie aux députés la déclaration qu'il vient de faire aux princes qui protégent les rassemblements des émigrés : « Que la continuation de ces rassemble- « ments au-delà du 15 janvier, serait regardée de « leur part comme un commencement d'hostilités, « et que la nation en poursuivra, par les voies lé- « gitimes de la guerre, la réparation. »

18. — Emission de deux cents millions d'assignats. Total, 1,600,000,000.

19. — Le Roi met son veto sur le décret du 29 novembre, relatif aux prêtres. La forme ordinaire du veto est celle-ci : Le Roi examinera.

— Les généraux Rochambeau, Luckner et Lafayette sont investis chacun du commandement d'une armée. Lafayette, armée du centre ; Luckner, armée de l'Est ; Rochambeau, armée du Nord.

25. — Départ de Lafayette pour Metz. La garde nationale l'accompagne jusqu'aux barrières.

28. — Arrêté du directoire des postes fixant à 65 le nombre des courriers partant de Paris, et à 98 celui des courriers qui partiront des différentes villes du royaume, les unes pour les autres.

— Rochambeau et Luckner sont créés maréchaux de France par exception, le cadre des six étant complet.

31. — La Législative décrète que les soldats de Château-Vieux, retenus au bagne malgré l'amnistie du 14 septembre dernier, doivent être compris dans ladite amnistie.

— Léopold, ayant fait savoir qu'il envoie une armée pour défendre les électeurs de Trèves et de Mayence, Louis XVI adresse un message à l'Assemblée pour l'informer de sa réplique à l'Empereur. Il a maintenu le 15 janvier pour délai fatal, et s'apprête, au nom de la France, à contraindre les électeurs par les armes. L'année 1791 s'achève au premier cri de guerre de la Révolution française.

<h2 style="text-align:center">CHAP. II. — LÉGISLATION POLITIQUE.</h2>

Observations de l'Auteur. — J'ai donné partiellement les décrets principaux formant la base de la Constitution de 1791. Cette Charte est le point de départ de la législation qui nous régit depuis 1789. L'ordre chronologique appliqué à l'énumération des lois politiques mettra le lecteur à même de recourir sans recherches préalables, au texte même du *Bulletin des Lois* que la Bibliothèque nationale tient constamment à la disposition des citoyens. J'ai adopté la date de la promulgation, formalité définitive qui seule rend exécutoire les décisions de la législature.

Nota. Abréviations : A. pour *Arrêté*; D. pour *Décret*; L. pour *Loi*; O pour *Ordonnance*; R. pour *Réglement*; S.-C. pour *Sénatus-Consulte.*

2 octobre.	*Impôts.*	D.	Mode de perceptions des contributions et patentes.
6 —	*Communes.*	D.	Biens et usages ruraux et police rurale.
9 —	*Associations.*	D.	Sur les sociétés populaires.
14 —	*Garde nationale.*	D.	Organisation de cette milice.
16 —	*Élections.*	D.	Relatif aux Assemblées primaires, électorales, municipales, de district ou de département.
9 novembre.	*Politique.*	D.	Peine de mort et confiscation contre les émigrés.
28 —	*Communes.*	D.	Relatif aux Conseils de district et de département.
29 —	*Politique.*	D.	Contre les ecclésiastiques insermentés.
15 décembre.	*Politique.*	D.	Acquisition des domaines nationaux.

<h2 style="text-align:center">CHAP. III. — RELATIONS EXTÉRIEURES.</h2>

19 AVRIL. — Les émigrés harcèlent de leurs sollicitations les cours de l'Europe. Celles-ci, dupes de la jactance des nobles, en même temps qu'effrayées d'une transformation politique hostile aux vieilles monarchies, se rapprochent et s'entendent pour conjurer l'orage. Les États de Porentru dénoncent à l'Assemblée constituante des rassemblements de troupes autrichiennes dans cette ville, clef de la France sur cette frontière, où, d'après les traités, les troupes étrangères ne doivent jamais entrer qu'avec la permission du gouvernement français. En outre, les princes allemands fondent leurs armements sous le prétexte du traité de Munster, violé suivant eux par les décrets sur les droits féodaux.

6 JUILLET. — De Padoue, Léopold écrit à tous les souverains pour organiser une coalition générale contre la France.

25. — L'Empereur d'Autriche et le Roi de Prusse se déclarent les chefs de l'alliance, et indiquent aux alliés un rendez-vous pour le 25 août prochain, à Pilnitz.

25 AOUT. — Les souverains de Prusse et d'Autriche discutent, à Pilnitz, un plan d'invasion.

26. — Le comte d'Artois, Bouillé, Calonne et Polignac sollicitent une invasion immédiate.

27. — Déclaration de Pilnitz « Sa Majesté « l'Empereur et Sa Majesté le Roi de Prusse, ayant « entendu les désirs et les représentations de Monsieur et de M. le comte d'Artois, se déclarent « conjointement qu'elles regardent la situation où « se trouve actuellement le Roi de France, comme « un objet d'un intérêt commun à tous les souverains de l'Europe. Elles espèrent que cet in-

« térêt ne peut manquer d'être reconnu par les
« puissances dont le secours est réclamé, et qu'en
« conséquence elles ne refuseront pas d'employer,
« avec leurs dites Maje-té, les moyens les plus
« efficaces, relativement à leurs forces, pour met-
« tre le Roi de France en état d'affermir, dans la
« plus parfaite liberté, les bases d'un gouverne-
« ment monarchique également convenable aux
« droits des souverains et au bien-être de la nation
« Française. Alors et dans ce cas, leurs dites Ma-
« jestés, l'Empereur et le Roi de Prusse sont ré-
« solus d'agir promptement, d'un mutuel accord,
« avec les forces nécessaires pour obtenir le but
« proposé en commun. En attendant, elles donne-
« ront à leurs troupes les ordres convenables pour
« qu'elles soient à portée de se mettre en activité.
« Signé Léopold et Frédéric-Guillaume. »

10 Septembre. — Don Carlos, roi d'Espagne,
rend un édit rigoureux contre la circulation des
écrits français.

14. — Réunion définitive à la France d'Avignon et du comtat Venaissin.

16 Octobre. — Réunion à la France du pays
de Doubs et dépendances.

4 Novembre. — Réunion à la France du pays
d'Enrichemont.

6. Décembre. — Dans les forêts, près d'Etten-
heim, on trouve quelques cadavres appartenant
à une légion d'émigrés. La Prusse se prepare acti-
vement à porter les premiers coups. Les coalisés
font des préparatifs formidables.

24. — Le Casus Belli est formellement posé par
Léopold. Il prend sous sa protection les électeurs
de Trèves et de Mayence auxquels la France vient
de transmettre son ultimatum. On se rappelle que
si le 15 janvier les électeurs n'ont pas dissipé les
rassemblements d'émigrés qu'ils ont tolérés et en-
couragés jusqu'alors, la France doit en appeler à
son épée. Rois de l'Europe! une fois sortie du
fourreau, qui de vous oserait prévoir la durée de
la lutte? Quand cette épée se fatiguera-t-elle d'é-
tinceler au soleil des batailles?

CHAP. IV. — GALERIE RÉVOLUTIONNAIRE.

Nota. La désignation de *Député*, s'applique aux membres
de l'Assemblée nationale ou constituante ; celle de *Législateur*
a x membres de l'Assemblée législative.

100. Aiguillon (d'), duc, député.
101. Anacharsis-Clootz, baron prussien socialiste.
102. Anson, receveur-général, député.
103. Arena, législateur.
104. Argoult (d'), évêque de Palmiers.
105. Augeard, fermier-général, conspirateur contre
     révolutionnaire.
106. Beauharnais (Alexandre vicomte de), député.
107. Beaumetz, député.
108. Bernard, député.
109. Bertherreau, procureur du roi, député.
110. Bertrand de Molleville, ministre de la marine.
111. Beugnot (de), comte, publiciste, législateur.
112. Bevière, notaire, député.
113. Biauzat, député.
114. Biron (de), duc, député.
115. Bouchotte, député.
116. Buonarotti, journaliste patriote.
117. Brissot de Warville, publiciste, membre de la
     commune, législateur.
118. Cahier de Gerville, ministre de l'intérieur.
119. Campan (Madame) amie de la Reine.
120. Carnot aîné, capitaine de génie, législateur.
121. Carnot jeune, capitaine de génie, législateur.
122. Carra, rédacteur des *Annales patriotiques*,
     législateur.
123. Castries (de), duc, député.
124. Cérutti, législateur.
125. Champeaux (de), député.
126. Champion, ministre de la justice.
127. Charton, commandant-général de la garde
     nationale, successeur de Lafayette.
128. Chocolat, chef de nègres à Saint-Domingue.

129. Choderlos-Laclos, rédacteur du *Journal des
     Jacobins*.
130. Clermont-Tonnerre (de), comte, député.
131. Collot-d'Herbois, auteur dramatique.
132. Court (de), marquis, chevalier du Poignard.
133. Crillon (de), comte, député.
134. Dampierre (de), vicomte, mis à mort par le
     peuple.
135. Dandré, député.
136. Debourge, négociant, député.
137. Debry (Jean), législateur.
138. Delessart, ministre de l'intérieur.
139. Dionis-Duséjour, conseiller, député.
140. Dosfand, notaire, député.
141. Drouet père, maître de poste à Sainte-Mene-
     hould.
142. Drouet fils, maître de poste à Sainte-Mene-
     hould.
143. Dufresne, ministre des finances.
144. Dupin, homme de loi, législateur.
145. Duportail, ministre de la guerre.
146. Entraigues (d'), comte, député.
147. Fermont, député.
148. Ferrières (de), marquis, député.
149. Fleurieu, ministre de la marine.
150. Foucault (de), marquis, député.
151. François, chef de nègres à Saint-Domingue.
152. François de Neufchâteau, juge de paix, légis-
     lateur.
153. Fretteau, député.
154. Gallois, législateur.
155. Garnier, conseiller au Châtelet, député.
156. Gensonné, législateur.
157. Gérard, laboureur, député.
158. Gobet, évêque constitutionnel dans le Calva-
     dos.

159. Goutes, curé, évêque constitutionnel d'Autun.
160. Gouvion, commandant en second de la garde
    nationale.
161. Gouy-d'Arcy, député.
162. Guilhermy, député.
163. Hullin, du club des vainqueurs de la Bastille.
164. Hurugue (de Saint), orateur du Palais-Royal.
165. Isnard, législateur.
166. Jean-François, chef de nègres à Saint-Do-
    mingue.
167. Kabers dit Louvain, mouchard, pendu par le
    peuple.
168. Kervegal (de Gueu de), député.
169. Kervegal (de Liancourt de), duc, député.
170. Labastide, abbé, général du camp de Jalès.
171. La Luzerne de), ministre de la marine.
172. Lambesc (de), prince, émigré.
173. Lameth (Théodore), colonel, législateur.
174. Lamourette, évêque constitutionnel de Lyon.
175. Languedoc dit Étienne, rédacteur du *Jour-
    nal des Halles*.
176. Laporte, intendant de la liste civile.
177. La Rochefoucault (de), duc, député.
178. La Tour du Pin (de), ministre de la guerre.
179. La Tour Maubourg (de), député.
180. Leroux (J.-J.), rédacteur du *Journal des
    Clubs*.
181. Liancourt (de), duc, député.
182. Louis (l'abbé), ministre plénipotentiaire en
    Danemarck.
183. Louvet, juge, législateur.

184. Manuel, jacobin, procureur de la commune.
185. Martineau, avocat, député.
186. Menou (de), baron, député.
187. Mirabeau (de), vicomte, émigré.
188. Mirepoix, comte, député.
189. Montesquiou-Fezensac, marquis, député.
190. Montmorenci (Mathieu de), comte, député.
191. Montmorin (de), ministre des aff. étrang.
192. Mugnet, député.
193. Murinais, député.
194. Narbonne, ministre de la guerre.
195. Polydor, chef de nègres à Saint-Domingue.
196. Pozzo di Borgo, législateur.
197. Raynal, abbé, écrivain philosophe.
198. Robert-Lindet, publiciste.
199. Rochechouart (de), comte, député.
200. Rohan (de), cardinal, député.
201. Romeuf, député.
202. Roy, député.
203. Royer, curé, député.
204. Royou, rédacteur de l'*Ami du Roi*.
205. Salomon, député.
206. Staël (madame de).
207. Toussaint-Louverture, chef des nègres ré-
    voltés de Saint-Domingue.
208. Vadier, député.
209. Vaublanc, législateur.
210. Vergniaud, législateur.
211. Vernier, député.
212. Virieu, député.
213. Voidel, député.

CHAP. V. — NÉCROLOGIE.

30 Janvier. — Mort de *Rulhière*. Secrétaire de l'ambassade française en Russie, et témoin oculaire de la révolution qui plaça *Catherine II* sur le trône, il publia le 10 février 1768 un écrit intitulé *Anecdotes sur la révolution de Russie en l'année* 1762. Cet écrit lui attira force menaces de l'autorité. Il résista, et malgré les 30,000 francs offerts par la cour de Russie, le manuscrit fut imprimé en 1797. On doit à *Rulhière* une *Histoire de l'anarchie de Pologne*, un *Discours en vers sur les Disputes. Rulhière*, académicien depuis le 4 juin 1787, publia en 1788 les *Éclaircissements historiques sur les causes de la révocation de l'Édit de Nantes, et sur l'état des protestants en France, depuis le commencement du règne de Louis XIV jusqu'à nos jours, tirés des différentes archives du gouvernement*. Écrivain distingué, historien impartial, *Rulhière* n'a pris aucune part active à la révolution française.

2 Avril. — Mort de *Mirabeau*. Il débute par la prison ; son père le fait enfermer à l'Ile-de-Rhé. Capitaine de dragons, il presse son père de lui acheter un régiment. Refus sévère. En 1772, il épouse *Mlle de Marignan*, et ses prodigalités sont telles qu'il est interdit et confiné dans ses terres par ordre du Roi. C'est alors qu'il compose son *Essai sur le Despotisme*. Un gentilhomme insulte sa sœur, il rompt son ban et court châtier l'insolent. Nouvelle procédure, il est successivement enfermé au château d'If, au fort de Joux. Pontarlier lui est accordé pour prison ; là, il séduit *Sophie de Ruffet*, jeune épouse d'un sexagénaire. Nouvelles poursuites contre lui. Il se réfugie en Suisse. *Sophie* l'y rejoint et ils passent en Hollande. L'extradition est demandée, obtenue. L'amante est enfermée dans une maison de surveillance, *Mirabeau* a les loisirs du donjon de Vincennes. Il compose et publie plusieurs pamphlets, les uns politiques, les autres érotiques. Sorti de prison, il se rend à Londres avec une hollandaise qui lui fait oublier *Sophie*.

A son retour en France, il donne cours à sa haine contre son père. Il écrit pour quiconque le paie. Arrive 89. Les Etats-Généraux sont convoqués. Mirabeau est rejeté avec dédain par la noblesse. Il s'adresse au Tiers-Etat, et deux villes, Aix et Marseille, l'envoient à cette Assemblée qu'il doit long-temps dominer. Le voilà en face de cette aristocratie qui l'a méprisé... Vous savez s'il s'est bien vengé ! Pamphlets et discours, tout ce qui sort de la plume ou de la bouche de Mirabeau a l'audace du Titan, la puissance d'Hercule... Il étonne, il écrase ! le Mirabeau de la tribune attend encore un successeur. J'ai dit quels honneurs lui furent rendus à sa mort. On trouvera plus loin l'opinion de plusieurs sur la vénalité qui lui fut reprochée de son vivant. Le cadre de ce livre ne me permet pas davantage.

10 Juin. — Mort de *Lamothe-Piquet*, lieutenant général des armées navales. Âgé de soixante-onze ans, il en comptait cinquante-six de service actif.

CHAP. VI. — JALONS DE L'HISTOIRE.

28 *Février.*	Conspiration des chevaliers du Poignard.	
2 *Avril.*	Mort de Mirabeau.	
17 —	Le Roi ne peut aller à Saint-Cloud.	
15 *Mai.*	Égalité des gens de couleur avec les blancs.	
21 *Juin.*	Fuite de Varennes.	
17 *Juillet.*	La loi martiale au Champ-de-Mars.	
22 *Août.*	Première insurrection des nègres à Saint-Domingue.	
27 —	Déclaration de Pilnitz.	
14 *Septembre.*	Acceptation solennelle de la Constitution dite de 1791.	
14 —	Réunion d'Avignon et du comtat Venaissin à la France.	
30 —	Clôture de la Constituante.	
1er *Octobre.*	Ouverture de la Législative.	
16 —	Massacres d'Avignon par Jourdan.	
9 *Novembre.*	Décret contre les émigrés.	
22 —	Incendie du Port-au-Prince.	
29 —	Décret contre les prêtres non assermentés.	
17 *Décembre.*	Total des assignats émis : 1 milliard 600 millions.	
20 —	Menaces de Louis XVI aux électeurs de Trèves et de Mayence.	

CHAP. VII. — CITATIONS HISTORIQUES.

Un membre de l'Assemblée, ayant demandé l'ajournement sur une motion concernant l'exportation et la circulation des grains, *Mirabeau* l'interpelle : « Si l'on devait vous pendre, Monsieur, proposeriez-vous l'ajournement d'un examen qui pourrait vous sauver ? Eh bien ! cinquante citoyens de Marseille peuvent être pendus tous les jours. »

———

Pendant la maladie de *Mirabeau*, un coup de canon se faisant entendre : « Serait-ce déjà, s'écria-t-il, les funérailles d'Achille ? »

———

Dans une crise violente, *Mirabeau* prie son valet-de-chambre de lui soutenir la tête : « Tu n'en soutiendras pas une pareille, » lui dit-il.

———

Les jacobins envoient demander des nouvelles de *Mirabeau* par une députation dont Barnave fait partie. Il en paraît touché : mais, apprenant que les Lameth ont refusé : « Je savais bien qu'ils étaient vils et lâches, dit-il, mais je ne les croyais pas si bêtes ! »

———

Les douleurs sont tellement atroces, qu'il demande instamment de l'opium et la mort : « J'ai encore pour un siècle de force, s'écrie-t-il ; mais je n'ai plus pour un instant de courage. »

———

Mirabeau fut obligé de prendre une patente de marchand de draps pour être élu député du tiers-État.

———

En Corse, apprenant la mort de *Mirabeau*, les amis de la Constitution ont placé sa statue dans leur salle, avec cette inscription : *J'avoue que ma première jeunesse a été souillée par une participation à la conquête de la Corse ; mais je ne m'en tiens que plus étroitement obligé à réparer envers ce peuple généreux ce que ma raison me représente comme une injustice.*

Ces mots sont tirés du discours qu'il prononça dans l'Assemblée nationale, lors de la discussion sur la Corse.

———

Opinions de quelques notabilités sur *Mirabeau*.

Carra. — Nous chérissions son caractère, en admirant ses talents supérieurs. Donnons-lui des pleurs ; mais montrons plus d'ardeur que jamais contre les ennemis de notre sainte Constitution.

Prudhomme. — Mirabeau avait de grands torts aux yeux de ses compatriotes ; mais il avait rendu de grands services à la patrie, et les souvenirs honorables ne laissèrent approcher de son cercueil rien de ce qui pouvait les affaiblir ou les contrarier.

Brissot. — Les sections et le département ont demandé un deuil public pour un citoyen éloquent et *vertueux*. Mirabeau lui-même eût rayé ce mot, qui n'est qu'un mensonge.

L'Évêque de Paris. — Ce prélat le présente, dans un mandement officiel, comme un modèle de vertus privées et publiques.

Royou. — On assure que la Droite s'est vu forcée de cacher ses larmes, tandis que la Gauche s'efforçait de cacher sa joie.

Fréron. — La seconde partie de sa carrière a terni l'éclat de sa première. Pourquoi faut-il qu'il n'ait point associé aux talents de Cicéron l'incorruptible probité du consul de Rome ! On vante son éloquence ; mais, dans Milton, le diable est éloquent aussi !

Camille Desmoulins. — Quoique Mirabeau se soit appelé un Achille, presque tout le bien qui s'est fait dans l'Assemblée nationale se serait fait sans lui, et presque tout le mal a été fait par lui.

Robespierre. — Puisque Achille est mort, Troie ne sera pas prise !

Marat. — Peuple, rends grâces aux dieux ! Ton plus redoutable ennemi n'est plus ! il meurt victime de ses nombreuses trahisons, victime de ses trop tardifs scrupules, victime de la barbare prévoyance de ses complices atroces, alarmés d'avoir vu flottant le dépositaire de leurs affreux secrets. Frémis de leurs fureurs, et bénis la justice céleste.

Georgel. — Cet abbé, ardent royaliste, gémit, dans ses Mémoires, de ce que Louis XVI est réduit à l'humiliation d'employer Mirabeau, et de lui donner 100,000 livres pour qu'il obtienne un décret en faveur de ses tantes.

Bouillé, qui avait donné le conseil au Roi de se l'attacher à tout prix, affirme que Mirabeau recevait chaque semaine une somme très-considérable pour ménager la cour. Le fait est certain, et Mirabeau lui-même ne s'en cachait pas. « Je suis « payé, disait-il, mais je ne suis pas vendu. »

J.-J Pagès (de l'Arriège). — Les passions, ne pouvant énerver son âme, avaient usé son corps. Dès les premiers instants, la mort repoussa tous les remèdes. Il remit à Talleyrand un discours qu'il avait préparé sur les successions : « Il sera plaisant, disait-il, d'entendre parler « contre la faculté de tester un homme qui a fait « un testament la veille. » L'état de la France l'attristait : « J'emporte la monarchie au tombeau; les « factieux s'en disputeront les débris. « Ses derniers mots furent pathétiques : « Pitt hérite de « Mirabeau : personne en Europe ne pourra désor- « mais balancer son ascendant. »

Thiers. — Cet homme extraordinaire fit son devoir par raison, par genre, mais non pour quelque peu d'or jeté à ses passions ; il eut le singulier honneur, lorsque toutes les popularités finirent par le dégoût du peuple, de voir la sienne ne céder qu'à la mort.

Cabet. — Pour le malheur de l'humanité, ce Mirabeau fut un traître. Il est le père des incalculables malheurs qu'enfanta la vénalité.

En présence de ces jugements individuels, l'opinion publique a de quoi former le sien. A ceux qui voudront analyser Mirabeau, l'histoire doit indiquer le point de départ des déductions logiques. Mirabeau n'a pas agi par amour pour le peuple : ses combats de tribune sont des représailles perpétuelles. Dédaigné par l'aristocratie, il avait juré de la punir : il a tenu parole. Après tout, si l'historien n'ose appeler l'estime sur cet homme extraordinaire, si les patriotes cherchent en vain des sympathies pour le complaisant de la cour, ses mânes orgueilleuses peuvent demeurer en joie.... Oui, car le monde entier paye un tribut d'admiration à la mémoire de cette première et toute puissante locomotive de la Révolution française.

CHAP. VIII. — RÉSUMÉ.

Amis du peuple hier, Mirabeau, Lafayette, Duport, Barnave, Talleyrand, Bailly, Sièyes, les Lameth, s'affaissent tour-à-tour sous le poids de l'impopularité.

La bourgeoisie, jalouse du pouvoir qu'elle veut accaparer, accumule contre le peuple des précautions outrageantes. Loin de recourir à la persuasion, c'est la force qu'elle appelle au secours de l'ordre public.

La noblesse émigre, emportant avec elle le numéraire, levier du commerce et de l'industrie.

Le haut clergé réunit les éléments d'une résistance impie.

La confusion est dans les pouvoirs.

Les Jacobins sont poursuivis, traqués ; la persécution hâtera leur avènement.

Le droit de port d'armes, ceux de pétition, de réunion et d'affiche sont méconnus.

On a tout promis aux ouvriers, rien fait pour eux. Ils se réunissent, on les disperse ; ils s'agitent, on les incarcère.

Louis XVI est prisonnier dans son palais : l'autorité royale est un mot.

L'Assemblée s'empare de la dictature....

La fusillade du Champ-de-Mars achève de rendre la Constituante odieuse au peuple.

Les puissances étrangères cimentent leur alliance; les intrigues ennemies siégent aux portes de la France, et la France laisse faire. Elle ne sait pas prévenir; la répression lui coûtera cher.

Le traité de Pilnitz allume dans le cœur des patriotes une sainte colère qui rejaillira sur le Roi, complice des projets de l'émigration.

La contre-révolution grandit, hypocrite au dedans, insolente au dehors.

La Révolution ne peut pas, ne veut pas rétrograder.

La lutte est inévitable : elle sera terrible.

Le terrain est choisi.

L'Assemblée législative réglera les conditions de ce duel sans merci, de cette rencontre acharnée du *droit divin* et de la *souveraineté du peuple*.

ANNÉE 1792.

CHAPITRE PREMIER. — MOUVEMENT INTÉRIEUR.

A quoi bon désormais reproduire des discours, s'enquérir des critiques de l'époque? Pourquoi des commentaires? Les théories ont vécu quand les faits sont produits. Improvisations sublimes, harangues pathétiques, logique inflexible, vous avez illustré pour jamais la tribune parlementaire ! Imagination, enthousiasme, génie, vous charmerez tour à tour et frapperez d'effroi les générations les plus reculées!.... Mais notre vue est impuissante à supporter l'éclat de tant de lumières! Le phénomène révolutionnaire, ce météore de sang et de gloire qui, trois années durant, brille au firmament de la liberté sous le nom de Terreur, suffit d'ailleurs à nos méditations. La Constituante a parlé; la Législative, et surtout la Convention, vont agir. C'est, je crois, bien entendre ma tâche, que de la restreindre à raconter l'action.

1er Janvier. — Ce jour est fixé comme le 1er de l'an IVe de la Liberté.

— Les compliments d'usage au Roi, à l'occasion du jour de l'An, sont supprimés.

— L'Assemblée nationale décrète qu'il y a lieu à accusation contre Louis Stanislas-Xavier, Charles-Philippe, et Louis-Joseph, princes français : M. Calonne, ci-devant contrôleur général, M. Laqueille l'aîné et Grégoire Riquetti, tous les deux ci-devant députés à l'Assemblée nationale constituante, comme prévenus d'attentats et de conspiration contre la sûreté générale de l'Etat et la Constitution.

2. — La Cour soldait une bande d'applaudisseurs, à qui le mot était donné, soit qu'il fallût se trouver sur le passage du Roi, soit qu'il fallût aller au spectacle y applaudir la famille royale, soit enfin qu'il s'agisse d'assister le ministre à l'heure de ses comparutions à la barre de l'Assemblée. L'abbé Fauchet offre la preuve de ce fait, confirmé depuis dans la précieuse histoire parlementaire de Buchez et Roux.

3. — Une émission de faux assignats décide l'Assemblée à retirer de la circulation les coupons de 3 livres, 4 livres 10 sous et 15 livres.

4. — Proclamation du Roi concernant le maintien du bon ordre sur les frontières.

— Décret de 40 millions d'assignats de 10 sous, 60 millions de 15 sous, 100 millions de 25 sous et 100 millions de 50 sous.

9. — Rassemblements sur la terrasse des Feuillants, au cri de *Point de veto!*

11. — Narbonne, ministre de la guerre, de retour de son voyage auprès des généraux, rend compte de l'état des places fortes. Lui et les généraux sont suspects aux Jacobins. Robespierre repousse la guerre, dans la crainte de trahison. Les Girondins veulent la guerre pour renverser le Roi, les royalistes pour le délivrer.

16. — A l'unanimité, Monsieur est déchu de son droit à la régence.

19. — Un sieur G. Feydel, demeurant rue Saint-Honoré, vis-à-vis la petite écurie du Roi, donne l'éveil sur un nouveau projet de fuite, par l'avis suivant envoyé aux journaux : Hâtez-vous, je vous prie, messieurs, d'informer le public et le Roi lui-même, que, depuis plusieurs jours, il part tous les matins de la petite écurie, des voitures chargées d'équipage, comme il en partit l'année dernière, dans les mois de février, d'avril et de juin. Tous les voisins s'en aperçurent alors, et s'en aperçoivent aujourd'hui.

20. — Le peuple du faubourg Saint-Martin a enfoncé un magasin, et le sucre qui y était accaparé a été vendu 21 sous la livre.

— Pendant la nuit, le feu a pris à la Force.

22. — Louis Noailles reproche au comité militaire ses lenteurs et son imprévoyance dans les préparatifs de la guerre : il met en regard la rapidité des délibérations patriotiques de l'Assemblée législative.

23. — Le peuple murmure de la cherté des sucres et autres denrées, et même du pain, qui n'est pourtant qu'à 11 sous les quatre livres. Quelques dégâts sont commis chez les épiciers.

24. — Pétion proteste contre la malveillance qui le transforme en spéculateur sur les sucres.

— Narbonne, ministre de la guerre, la princesse de Lamballe, qui passe pour être sa maîtresse, madame de Staël et la reine sont véhémentement soupçonnés d'un complot contre les patriotes.

25. — L'émeute populaire gronde toujours. Deux motifs l'entretiennent : la cherté des sucres et le bruit d'un projet d'évasion. Aujourd'hui, le maire et le procureur de la Commune se rendent chez le Roi, qui les a fait mander pour les rassurer.

26. — La maison d'André, Cenot et Charlemagne, rue de la Verrerie, 37, accusée d'accaparement de sucres, offre publiquement 100 louis à quiconque prouvera qu'elle possède pour une obole de marchandise dans quelque autre magasin de la capitale.

Le même jour, le faubourg Saint-Antoine vient à la barre de l'Assemblée demander des mesures contre l'agiotage et l'accaparement.

28. — L'Assemblée ayant décidé que le 1er mars serait le terme fatal pour la réponse de l'Empereur, et que le Roi préparerait tout pour la guerre, Louis XVI se plaint de cet empiètement sur l'autorité royale.

30. — Adieux des gardes françaises aux quarante-huit sections de Paris.

1er Février. — Bertrand de Molleville est déchargé de l'accusation portée contre lui. Ce décret irrite les patriotes. Les Girondins proposent la fabrication de piques. « Des piques ! s'écrie Gorsas ; voilà nos moyens ! Ils suffiront pour faire « mordre la poussière aux traîtres, aux intrigants, « et pour renverser tous les trônes des despotes ! »

6. — Le lieutenant Napoléon Bonaparte est nommé capitaine au 4e régiment d'artillerie.

9. — Les propriétés des émigrés sont séquestrées par un nouveau décret, qui, cette fois, obtient la sanction royale.

11. — Le Roi, inquiet des dispositions alarmantes du peuple et des préparatifs extraordinaires d'armement, engage le maire et le procureur de la Commune à éclairer le peuple. La municipalité publie un arrêté tendant à atténuer la fabrication, et surtout la distribution des piques, fusils et autres armes ostensibles. Les citoyens non gardes nationaux devront être autorisés.

13. — Le Roi écrit de sa main à la municipalité de Paris. Il proteste contre les bruits répandus sur son prétendu projet de départ. « Rien ne me re« tient à Paris, dit-il, que ma volonté d'y être, « mais j'y crois ma présence nécessaire, et je dé« clare que je veux y rester, que j'y resterai, et « que, quand j'aurai des raisons pour en sortir, je « ne m'en cacherai pas. »

24. — La Législative renferme dans son sein les cinq partis suivants, qui résument les nuances politiques de l'époque : les royalistes, les feuillants ou modérés, les indépendants ou irrésolus, les girondins et les montagnards ou jacobins.

1er Mars. — Le ministre Delessart communique à l'Assemblée la réponse de l'empereur Léopold II. Cette réponse, véritable manifeste contre la révolution, avait été dictée par le cabinet des Tuileries.

3. — Simonneau, maire d'Étampes, et soupçonné d'accaparement, est tué dans une émeute. La voix publique accuse de ce meurtre un individu connu sous le nom du *grand Henri*, lequel assassina plus tard deux de ses parents.

8. — Narbonne et Cahier de Gerville quittent le ministère.

10. — Delessart, accusé par Brissot d'avoir agi dans les intérêts de Léopold, contrairement à ceux de la France, est envoyé à la haute-cour nationale, établie à Orléans, et chargée, d'après la constitution, de juger les crimes d'État. Dumouriez le remplace au ministère des relations extérieures, et quelques jours après, la reine, dans un mouvement accoutumé de colère, disait au nouveau ministre : « Monsieur, vous êtes tout-puissant en ce moment, « mais c'est par la faveur du peuple, qui brise bien « vite ses idoles. Votre existence dépend de votre « conduite. On dit que vous avez beaucoup de ta« lents. Vous devez juger que ni le Roi ni moi ne « pouvons souffrir toutes ces nouveautés, ni la « constitution. Je vous le déclare franchement ; « prenez votre parti. »

— Degrave est à la guerre ; Clavières aux finances ; Roland à l'intérieur ; Lacoste à la marine, et Duranthon à la justice.

— Une commission de douze membres est nommée pour veiller à la répression des troubles de l'intérieur.

19. — Les ouvriers portaient alors des bonnets de laine, rappelant le bonnet grec ou phrygien. Sur la proposition de Brissot, les jacobins adoptent le bonnet, dont le rouge sera la couleur, pour symbole de liberté et d'égalité. Aujourd'hui Dumouriez se présente aux jacobins coiffé du bonnet rouge. Sur les observations de Robespierre, cette coiffure est supprimée.

28. — Les gens de couleur, mulâtres ou nègres libres des colonies jouiront immédiatement de l'entier exercice de leurs droits politiques.

6 Avril. — Les biens des émigrés sont affectés à l'indemnité qui sera due à la nation. L'Assemblée supprime les corporations et congrégations d'hommes et de femmes, ecclésiastiques ou laïques : un décret prohibe tout costume ecclésiastique : l'abbé Fauchet, à la proclamation du vote, met à l'instant sa calotte dans sa poche.

— Les jacobins décident qu'une pétition sera adressée à la Commune pour faire disparaître les bustes de Lafayette et de Bailly.

9. — Les quarante soldats amnistiés de Château-Vieux arrivent à Paris. Introduits à l'Assemblée par Collot-d'Herbois, ils obtiennent les honneurs de la séance, après une orageuse discussion, plu-

sieurs épreuves et l'appel nominal, et à une très-petite majorité : 281 voix contre 265. Une fête populaire, dite *Fête de la Liberté*, est préparée pour le 15, en l'honneur des quarante victimes. C'est le premier triomphe parlementaire des partisans de Robespierre sur ceux de Lafayette.

15. — *Fête de la liberté.* — Plus de 300,000 personnes se trouvent au Champ-de-Mars. Les députés Girondins et les autorités municipales se mêlent à la foule. Le commissaire de la fête tient à la main *un épi de blé*. Aucune force n'est déployée. Aucun désordre ne trouble la solennité.

20. — Louis XVI se rend à l'Assemblée. Dumouriez lit un rapport. Il démontre qu'un traité conclu le 1er mai 1756, entre la France et l'Autriche a été rompu de fait par l'Empereur. Le Roi prend ensuite la parole : « Messieurs, dit-il, vous
« venez d'entendre le résultat des négociations que
« j'ai suivies avec la cour de Vienne. Les conclu-
« sions du rapport ont été l'avis unanime de mon
« conseil : Je les ai adoptées moi-même. Elles
« sont conformes au vœu que m'a manifesté plu-
« sieurs fois l'Assemblée nationale, et aux senti-
« ments que m'ont témoigné un grand nombre de
« citoyens de différentes parties du royaume ; tous
« préfèrent la guerre à voir plus longtemps la di-
« gnité du peuple Français outragée et la sûreté
« nationale menacée. J'avais dû préalablement
« épuiser tous les moyens de maintenir la paix. Je
« viens aujourd'hui, aux termes de la Constitution,
« proposer à l'Assemblée nationale, la guerre con-
« tre le roi de Hongrie et de Bohème. » Léopold II était mort le 1er mars et François Ier n'était pas encore élu empereur.
Dans la nuit le décret de la guerre est adopté au milieu d'indescriptibles transports.

24. — Les journaux girondins commencent à attaquer Robespierre.

25. — Robespierre donne rendez-vous, pour le 28 aux Jacobins, à tous ses ennemis. Il repondra à la fois aux mille attaques dirigées contre lui : il promet de démasquer les traîtres et les fripons et de dévoiler d'affreux complots.

28. — Aux Jacobins, Robespierre accusé d'orgueil et d'ambition soutient sa lutte contre les Brissotins ou partisans de Brissot. Les Girondins lui demandent une trêve intérieure pour être tout aux affaires de l'extérieur. Il accepte, et la trêve dure... un jour !

30. — Une nouvelle création de 300 millions porte à 1 milliard 900 millions la somme des assignats.
— La société des Jacobins arrête que les inculpations dirigées contre M. Robespierre sont démenties par la notoriété publique autant que par sa conduite constante.

1er Mai. — Le chapitre des dettes militaires ébou-

cera la trahison qui fit de notre premier combat notre première défaite. La municipalité de Valenciennes écrit en ces termes à l'Assemblée : « C'est
« des faits que nous ne pouvons vous dissimuler :
« c'est que les vivres et les munitions ne se trou-
« vaient pas à leur destination, c'est que les ba-
« taillons des gardes nationaux soldés, destinés à
« attaquer, se trouvaient sans fusils, etc. »

2. — Une députation du club des Cordeliers se présente à la barre pour dénoncer les généraux. L'Assemblée refuse de l'entendre.

3. — Deux décrets d'accusation sont lancés l'un contre Marat, auteur de l'*Ami du Peuple*, l'autre contre Royou, auteur de l'*Ami du Roi*.

8. — Servan, girondin, remplace Degrave au ministère de la guerre.

11. — Sont renvoyés devant une Cour martiale les officiers et dragons qui avaient abandonné leur poste à la désastreuse journée de 28 avril.

15. — Le journaliste Carra donne des détails sur un complot de la Cour ne tendant à rien moins qu'à une boucherie des patriotes. Il déclare tenir ces renseignements de Chabot, Bazire et Mesfier. Le juge-de-paix Larivière lance un mandat contre les trois députés ; mais l'Assemblée met en accusation le juge-de-paix.

16. — Cérémonie nationale pour honorer la mémoire du maire d'Étampes.

22. — La municipalité redouble de surveillance autour du palais des Tuileries, dans l'attente d'une nouvelle tentative d'évasion.

23. — Brissot dénonce à l'Assemblée, en l'affirmant, l'existence d'un *Comité autrichien.*

27. — Si vingt pétitionnaires dénoncent un prêtre non assermenté comme dangereux pour l'ordre, les autorités locales sont autorisées à le déporter hors de France.

28. — La nouvelle garde constitutionnelle du Roi est formée ; mais la maison militaire est composée de manière à inquiéter les patriotes. Le nombre des gardes que la loi fixe à dix-huit cents hommes, s'élève à près de six mille. La conduite de cette garde est de nature à justifier tous les soupçons : les clubs s'en occupent.
Des dépôts considérables de papier sont faits à Sèvres, tandis qu'à Neuilly douze suisses arborent publiquement la cocarde blanche. L'alarme, alors générale dans la ville, gagne l'Assemblée. Elle se déclare en permanence.

29. — Un décret, motivé sur l'esprit d'incivisme de la garde du Roi, en ordonne le licenciement. Le commandant duc de Cossé-Brissac est mis en accusation.

Les sections de Paris et la Commune se constituent en permanence.

30. — Création d'un Comité de sûreté générale.

8 Juin. — Sur la proposition du ministre de la guerre Servan, chaque canton enverra à Paris, pour la fête du 14 juillet, cinq citoyens armés, équipés, qui formeront ensuite au nord de Paris un camp de vingt mille fédérés, destiné à protéger l'Assemblée et la capitale. Une violente dispute eut lieu dans le conseil entre Dumouriez et Servan à l'occasion de cette mesure.

— Les fonctions de commissaire de police sont électives.

10. — Roland écrit au Roi une lettre devenue célèbre. Il trace la situation présente, indique la marche à suivre fatalement dans l'avenir, et met Louis XVI dans l'alternative de dessiner clairement ses projets et ses espérances. Par exemple, faisant allusion aux décrets des 27 mai et 8 juin, qui n'ont point encore été sanctionnés, il écrit ces lignes : « Deux décrets importants ont été rendus ; tous « deux intéressant essentiellement la tranquillité « publique et le salut de l'État ; le retard de leur « sanction inspire des défiances ; s'il est prolongé, « il causera du mécontentement, et je dois le dire, « dans l'effervescence actuelle des esprits, les « mécontentements peuvent mener à tout. Il n'est « plus temps de reculer ; il n'y a même plus moyen « de temporiser ; la révolution est faite dans les « esprits, elle s'achèvera au prix du sang, et sera « cimentée par lui, si la sagesse ne prévient pas « les malheurs qu'il est encore possible d'éviter. « Je sais qu'on peut imaginer tout opérer et tout « contenir par des mesures extrêmes ; mais quand « on aurait déployé la force pour contraindre « l'Assemblée, quand on aurait répandu l'effroi « dans Paris, la division et la stupeur dans ses « environs, toute la France se lèverait avec in- « dignation, et, se déchirant elle-même dans les « horreurs d'une guerre civile, développerait cette « sombre énergie, mère des vertus et des crimes, « toujours funeste à ceux qui l'ont provoquée. »

13. — Roland, Clavières et Servan reçoivent leur démission officielle. Dumouriez lit un mémoire sur la situation du ministère de la guerre, et sort de l'Assemblée au milieu des huées des Girondins qui le menacent de la haute cour nationale. De ce moment les Girondins se rapprochent des Montagnards pour tenir tête à Louis XVI. Confiant dans le secours des alliés, le Roi retrouve une parcelle d'énergie pour défendre les derniers vestiges de sa puissance.

16. — De son camp Lafayette écrit à l'Assemblée nationale pour lui reprocher ses décrets. Il attaque les jacobins et Dumouriez, et insiste sur l'anéantissement du règne des clubs. Dumouriez donne sa démission, fondée sur le refus du Roi de sanctionner les deux décrets, et se rend à l'armée.

18. — La lettre de Lafayette est lue à l'Assemblée et la démission de Dumouriez est acceptée.

19. — Une députation des Marseillais fait entendre ces paroles à la barre de l'Assemblée : « Il « est temps que le peuple se lève ; ce lion géné- « reux, mais trop longtemps courroucé, va sortir « de son repos pour s'élancer sur la meute des « conspirateurs.... La force populaire fait votre « force : employez-la. Point de quartier, puisque « vous n'en avez pas à espérer........ »

20. — Depuis quelques jours une fermentation sourde régnait dans les faubourgs. Le refus de sanction et le renvoi des trois ministres servent d'aliment à l'irritation populaire. Une autorisation est demandée au directoire du département, à l'effet de planter un mai sur la terrasse des Feuillants, en commémoration du 20 juin 1789. Refus de l'autorité. Les faubouriens, Santerre et Saint-Hurugues en tête se dirigent vers l'Assemblée. Une députation est admise. « C'est donc ainsi, dit « Huguenin, l'orateur de la députation, c'est donc « ainsi que le bonheur du peuple dépend du ca- « price d'un roi ! mais ce roi doit-il avoir d'autre « volonté que celle de la loi ? Le peuple le veut « ainsi, et sa tête vaut bien celle des despotes « couronnés. Cette tête est l'arbre généalogique « de la nation, et devant ce chêne robuste, le « faible roseau doit plier ! Nous nous plaignons, « messieurs, de l'inaction de nos armées ; nous « demandons que vous en pénétriez la cause : si « elle dérive du pouvoir exécutif, qu'il soit anéanti. » Le rassemblement, composé d'hommes à piques, de femmes, d'enfants et de gardes nationaux au nombre de trente mille, défile devant l'Assemblée aux cris de : à bas le veto ! vivent les sans-culottes ! et en chantant :

Ah ! ça ira, ça ira, ça ira,
Les aristocrates on les pendra.

Au bout d'une pique paraît un cœur de veau avec cette inscription : *cœur d'aristocrate.*

Cette masse se rend aux Tuileries. Le Roi, privé de moyens de défense, donne l'ordre d'ouvrir les portes. Le château est envahi. Un canon est hissé dans la salle des Suisses, et le peuple arrive à l'appartement où se trouvent Louis XVI et sa famille. On exige la sanction des deux décrets. — Ce n'est ni le lieu ni le moment, répond le Roi avec fermeté. — Vive la nation ! — Oui, vive la nation ! je suis son meilleur ami. — Eh bien ! faites-le voir, lui dit un des assaillants en lui présentant un bonnet rouge. Louis XVI met le bonnet sur sa tête et la foule applaudit. La chaleur était accablante ; le Roi, pressé de toutes parts, semble étouffer. Un homme qui tenait un verre et une bouteille lui offre à boire. Le Roi, malgré les craintes d'empoisonnement qui le poursuivent depuis longtemps, boit sans hésitation, et les applaudissements redoublent. Pétion arrive. « Ne craignez rien, dit-il au Roi. — « Voyez, répond Louis XVI en portant la main « d'un grenadier sur son cœur, voyez s'il bat plus

« vite qu'à l'ordinaire. » Enfin à sept heures du soir, sur les exhortations de Pétion et de Santerre, le château est évacué paisiblement et avec ordre. Dans la journée l'Assemblée envoya plusieurs députations pour protéger la personne du Roi. Le soir Pétion vient dire au Roi que la ville était calme et le peuple satisfait. « Cela n'est pas vrai, — Sire.... — Taisez-vous. — Le magistrat du peuple n'a pas à se taire quand il a fait son devoir et qu'il a dit la vérité. »

21. — L'Assemblée ordonne des poursuites contre les auteurs de l'attentat d'hier. Elle décrète que désormais, sous aucun prétexte, aucune réunion de citoyens armés ne pourra se présenter à la barre, ni défiler dans la salle des séances, ni se présenter à aucune autorité constituée.

22. — Proclamation du Roi. Elle se termine ainsi : « Si ceux qui veulent renverser la monar- « chie ont besoin d'un crime de plus, ils peuvent « le commettre ; mais le Roi donnera jusqu'au « dernier moment à toutes les autorités l'exemple « du courage et de la fermeté. »

28. — Lafayette paraît à la barre de l'Assemblée. Il demande des poursuites contre les coupables du 20 juin et la destruction des jacobins. Pendant son séjour à Paris, il offre au Roi son concours pour le délivrer. La reine refuse, confiante dans les succès de l'ennemi. Thiers raconte ainsi les coupables espérances de la reine : « L'ennemi « pouvait être dans six semaines à Paris. La reine « y comptait, et en faisait la confidence à une de « ses dames. Elle avait l'itinéraire des émigrés et « du roi de Prusse. Elle savait que tel jour ils « pouvaient être à Verdun, tel autre à Lille, et « qu'on devait faire le siége de cette dernière « place. Cette malheureuse princesse espérait, « disait-elle, être délivrée dans un mois. »

2 Juillet. — Licenciement des états-majors des gardes nationales à Paris et dans les villes de cinquante mille âmes.

7. — Les départements crient à l'invasion ! Les clubs et les journaux à la trahison ! La terreur et la consternation dominent tour à tour. Des flots de placards et de pétitions signalent le péril. La question de la déchéance est partout soulevée. Le pressentiment d'une insurrection générale est dans tous les cœurs. Soudain Lamourette, évêque constitutionnel de Lyon, monte à la tribune. Doué de la plus noble figure et du ton le plus persuasif, il s'adresse en ces termes à ses collègues de toutes les opinions : « Que se reprochent les deux parties de « l'Assemblée ? L'une accuse l'autre de vouloir « modifier la Constitution par la main des étran- « gers, et celle-ci accuse la première de vouloir « renverser la monarchie pour établir la Répu- « blique ; eh bien ! messieurs, foudroyez d'un même « anathème et la République et les deux chambres ; « vouez-les à l'exécration commune par un dernier « et irrévocable serment ! Jurons de n'avoir qu'un

« seul sentiment ! Jurons-nous fraternité éternelle ! « que l'ennemi sache que ce que nous voulons, nous « le voulons tous ; et la patrie est sauvée ! » Au milieu d'une acclamation universelle et des bancs opposés on se précipite, on s'embrasse et l'on se promet union, concorde et fraternité ! Cette scène, à laquelle le Roi vint prendre part, appartient à l'histoire sous le nom de *Baiser Lamourette*. Le soir même, le département prononce la suspension de Manuel et de Pétion, et les clameurs recommencent.

10. — Le ministère donne sa démission en déclarant son impuissance à sauver l'État. Les nouveaux ministres sont Daubancourt, à la guerre ; Dubouchage, à la marine ; Champion, à l'intérieur ; Dejoly, à la justice ; Leroux de la Ville, aux finances ; Bigot Sainte-Croix, à l'extérieur.

11. — Les émigrés et l'étranger s'avancent. En Bretagne, les royalistes lèvent l'étendard de la révolte.

Dans l'Ardèche un ancien noble, Du Saillant, s'empare du fort de Bannes et assiége le château de Jalès. Tous les comités réunis font un rapport sur la situation suprême du pays. Au milieu d'un majestueux silence, le président de la représentation nationale prononce cette formule solennelle :

Citoyens ! la patrie est en danger !

Deux adresses, l'une aux Français, l'autre à l'armée, répètent ce cri. Le canon, tiré de moment en moment, annonce à tous qu'il s'agit enfin de combattre pour la patrie. Toutes les autorités nationales, la législature, toutes les municipalités, toutes les administrations départementales sont en permanence ; toutes les gardes nationales s'organisent, se mobilisent, s'arment, s'habillent et s'exercent ; tous les hommes, jeunes et vieux, en état de servir, sont appelés dans la garde nationale ; tous les propriétaires d'armes sont obligés de les apporter pour armer les défenseurs du pays ; tout signe contre-révolutionnaire, toute cocarde et tout drapeau non tricolore sont punis de mort.

12. — Le Roi confirme la suspension de Pétion.

13. — L'Assemblée réintègre Pétion.

14. — Troisième anniversaire de la prise de la Bastille. « Combien les temps étaient changés depuis « le 14 juillet 1790, s'écrie Thiers...... On se « haïssait comme après une fausse réconciliation « et tous les emblèmes annonçaient la guerre...... « Toute la France semblait camper en présence « de l'ennemi. L'autel de la patrie n'était plus « qu'une colonne tronquée, placée au sommet de « ces gradins qui existaient encore dans le Champ- « de-Mars depuis la première cérémonie. D'un « côté on voyait un monument pour ceux qui « étaient morts ou qui allaient mourir à la fron- « tière ; de l'autre un arbre immense appelé l'arbre « de la féodalité. Il s'élevait au milieu d'un vaste « bûcher, et portait sur ses branches des cou- « ronnes, des cordons bleus, des tiares, des cha- « peaux de cardinaux, des clefs de Saint-Pierre,

« des manteaux d'hermine, des bonnets de docteurs,
« des sacs de procès, des titres de noblesse, des
« écussons, des armoiries, etc. Le Roi devait y mettre
« le feu ; mais il s'en dispensa en répondant avec
« à propos qu'il n'y avait plus de féodalité. »

15. — Les troupes de ligne sont éloignées à quinze lieues de Paris.

17. — Les fédérés, auxquels l'Assemblée accorde 30 sous par jour, sont en grand nombre à Paris, et augmentent chaque jour. Ils ont formé un club particulier, dit club des Fédérés. Ils rédigent une adresse aux départements , et envoient à l'Assemblée une députation pour demander une *Convention nationale* et la *déchéance de Louis XVI*. Nous ne partirons pas, disent-ils, que nous n'ayons terrassé les ennemis de l'intérieur.

25. — Manifeste du duc de Brunswick, généralissime des cours alliées de Prusse et d'Autriche, daté de son quartier général. L'art. 8 porte : « La
« ville de Paris et tous ses habitants, sans distinc-
« tion, seront tenus de se soumettre sur-le-champ,
« et sans délai, au Roi, de mettre ce prince en
« pleine et entière liberté, et de lui assurer, ainsi
« qu'à toutes les personnes royales, l'inviolabilité
« et le respect auxquels le droit de la nature et des
« gens oblige les sujets envers leurs souverains ;
« leurs Majestés impériale et royale rendant per-
« sonnellement responsables de tous les événements,
« sur leur tête, pour être jugés militairement, sans
« espoir de pardon, tous les membres de l'Assem-
« blée nationale , du département, du district, de
« la municipalité et de la garde nationale de Paris,
« les juges-de-paix et tous autres qu'il appartien-
« dra, déclarant en outre leur dites Majestés, sur
« leur foi et parole d'Empereur et Roi, que, si le
« château des Tuileries est forcé ou insulté, que ,
« s'il est fait la moindre violence, le moindre ou-
« trage à Leurs Majestés le Roi, la Reine et la fa-
« mille royale, s'il n'est pas pourvu immédiate-
« ment à leur sûreté, à leur conservation et à leur
« liberté, elles en tireront une vengeance exem-
« plaire et à jamais mémorable, en livrant la ville
« de Paris à une exécution militaire et à une sub-
« version totale, et les révoltés coupables d'atten-
« tats, aux supplices qu'ils auront mérités, etc., etc. »
— Les sections de Paris votent pour la déchéance du Roi : une seule pour la négative.

30. — Arrivée à Paris d'un bataillon de Marseillais. Ils sont 500. Santerre leur offre un repas aux Champs-Élysées. Un autre repas avait lieu près de là, entre des royalistes du bataillon des Filles Saint-Thomas. Une rixe s'élève et plusieurs royalistes sont tués.

31. — Les journaux royalistes publient le manifeste comme un triomphe.
— Création de 300 millions d'assignats.

3 AOUT. — Pétion, maire de Paris, vient, au nom des quarante-huit sections, demander à l'As-

semblée de mettre à l'ordre du jour la déchéance du Roi. La discussion est fixée au jeudi 9 août. Les faubourgs s'arment et préparent les moyens de faire réussir l'insurrection qu'il n'est pas possible d'éviter. De son côté, la cour délibère sur les moyens de conduire le Roi en Normandie, et l'évasion est fixée à la nuit du 7 au 8 ; mais les hésitations du Roi neutralisent les plans des royalistes. Au contraire, l'insurrection est combinée. Un comité insurrectionnel, composé de cinq membres, donne puissance et force à des résolutions secrètes et énergiques. Ces cinq membres sont Vaugeois, grand-vicaire ; Debessé de la Drôme ; Guillaume, professeur à Caen; Simon, journaliste à Strasbourg; Galissot, de Langres.

9. — La société des jacobins et les fédérés marseillais et bretons se rendent le soir au faubourg Saint-Antoine, quartier général de l'insurrection. A minuit, le tocsin et la générale se font entendre. Les sections se rassemblent. Le conseil de la commune fait place à une municipalité révolutionnaire, composée de cinq commissaires de chaque section. Manuel et Pétion sont conservés. Santerre est proclamé commandant provisoire de l'armée parisienne. Le château des Tuileries est investi par des forces considérables, à la tête desquelles figure le bataillon marseillais.

10. — A cinq heures du matin , le Roi passe la revue de ses défenseurs. Il est accueilli aux cris de *Vive la nation! vive Pétion!* auxquels les bataillons à piques ajoutent ceux de : *A bas le veto! à bas le traître!* Il remonte dans ses appartements, et la Reine, lui mettant un pistolet dans la main : « Al-
« lons, monsieur, voici le moment de vous mon-
« trer. » Mais Louis était atterré. La fusillade s'engage à neuf heures. Le peuple s'empare des Tuileries, après un combat sanglant. Mandat, commandant de la garde nationale , est immolé à l'Hôtel-de-Ville. Louis XVI et sa famille se réfugient dans l'Assemblée nationale. « Je suis venu ici, dit le
« Roi, pour éviter un grand crime. — Vous pou-
« vez, Sire, répond le président Vergniaud, comp-
« ter sur la fermeté de l'Assemblée nationale; ses
« membres ont juré de mourir en soutenant les
« droits du peuple et des autorités constituées. »
Je laisse parler Dufey (de l'Yonne) : « Bientôt, sur
« l'observation d'un député, que l'Assemblée ne
« peut délibérer en présence du Roi, l'Assemblée
« décide que le Roi et sa famille se placeront dans
« la loge du logographe, établie derrière le fauteuil
« du président. L'Assemblée continue ses délibéra-
« tions au bruit de la mousqueterie et du canon.
« Les Suisses, repoussés de l'intérieur du château,
« se repliaient en ordre de bataille sur le jardin ,
« sous le feu des batteries; des voix s'élèvent des
« tribunes de l'Assemblée : Voilà les Suisses ! Des
« députés se lèvent pour aller se réunir au peuple.
« leurs collègues les rappellent : c'est ici, disent-
« ils, que nous devons tous mourir. Ils reprennent
« leur place aux cris de *Vive la nation!* Un offi-
« cier supérieur des Suisses, Durler, est introduit
« auprès du Roi, qui lui remet un ordre écrit,

« ainsi conçu : Le Roi ordonne aux Suisses de po-
« ser les armes et de se rendre aux casernes. Cet
« ordre ne put être communiqué aux Suisses, qui
« se battaient encore au Carrousel et dans l'inté-
« rieur ; ils suivirent, pour effectuer leur retraite,
« la même ligne que les premiers ; tous furent tués
« sur la place Louis XV. A onze heures, le combat
« avait cessé. De nombreuses députations se suc-
« cèdent à la barre de l'Assemblée : toutes de-
« mandent vengeance contre les Suisses et la dé-
« chéance de Louis XVI. L'Assemblée, sur le
« rapport de Vergniaud, décrète la convocation
« d'une Convention, et la suspension provisoire de
« Louis XVI. »

Cette journée célèbre, sous le nom de Journée
du 10 Août, était la seule réponse digne d'un peuple
libre, au manifeste de Brunswick.

11. — L'Assemblée est en lutte avec la Commune du 10 août, dont l'omnipotence demeurera
sans rivale. Toute distinction entre les citoyens
actifs et les citoyens passifs disparaît. Le peuple
renverse les statues des rois, même celle de
Henri IV.

— Les six ministres, réunis en conseil exécutif,
sont provisoirement chargés du pouvoir. Danton
est à la justice ; Monge, à la marine ; Lebrun, aux
affaires étrangères.

— Une cour martiale est instituée pour juger les
Suisses.

13. — Lafayette fait enfermer dans la citadelle
de Sedan les trois commissaires du département. Il
ordonne à son armée, qu'il veut conduire à Paris,
de renouveler le serment au Roi ; les soldats ré-
pondent par les cris de *Vive la nation ! vive l'Assemblée nationale !*

— La Commune demande l'érection d'un tribunal extraordinaire pour juger *les crimes du 10 août*
et atteindre tous *les traîtres*. L'Assemblée se borne
à attribuer les jugements aux tribunaux établis.
L'insurrection menace de nouveau.

17. — Dumouriez promet des succès et une
fidélité à toute épreuve au salut de la patrie. Il est
nommé commandant en chef des armées du Nord
et du Centre.

— L'Assemblée décrète la création d'un tribunal
extraordinaire jugeant en dernier ressort et sans
appel. Ce tribunal est appelé Tribunal du 17 août.

18. — Lafayette est décrété d'accusation : il
quitte son armée et fuit à l'étranger. Les Autrichiens l'arrêtent et le mettent aux fers.

22. — Un rassemblement de Vendéens s'empare
de la petite ville de Châtillon-sur-Sevres.

26. — Tous les prêtres non assermentés quitte-
ront la France dans un délai de quinzaine, sous
peine d'être déportés *à la Guyane*.

— Paris apprend que Longwy s'est rendu sans
défense.

27. — Les barrières sont fermées, des visites

domiciliaires et une perquisition générale sont or-
données. Tous les suspects sont arrêtés et enfermés
dans les prisons.

— Élection des députés à la Convention. A Paris, Robespierre est le premier nommé, Danton est
le second.

30. — Roland accuse la Commune de tout dés-
organiser, et l'Assemblée casse la municipalité.

— La famille royale, gardée à vue au ministère
de la justice, est conduite au Temple dans la soi-
rée, et confiée au maire et au général Santerre,
sous leur responsabilité personnelle.

— Le comité de défense réunit tous les ministres
pour délibérer sur les moyens de salut public.
Danton dit qu'*il faut..... faire peur aux royalistes !*

31. — Décret. « Aussitôt que la ville de Longwy
« sera rentrée au pouvoir de la nation Française,
« toutes les maisons, à l'exception des maisons na-
« tionales, seront détruites et rasées. » L'irritation
des Parisiens est au comble.

1er SEPTEMBRE. — Verdun est assiégé. Les Prussiens marchent sur Paris. Les volontaires partent
pour l'armée. Danton fait décréter que demain on
battra la générale, on sonnera le tocsin, on tirera
le canon d'alarme, tous les citoyens disponibles se
rendront au Champ-de-Mars, y camperont la journée, et partiront le lendemain pour se rendre sous
les murs de Verdun.

2. — Roland est ministre de l'intérieur et Danton ministre de la justice. L'Assemblée législative
siège comme de coutume. A la mairie, Marat préside le comité de surveillance, composé de Duplain,
Panis, Sergent, Lenfant, Marat, Lefort, Jourdeuil·
Les ministres, les autorités, la garde nationale sont
dans Paris..... Les prisonniers de tout âge et de
tout sexe, détenus pour une cause quelconque,
sont égorgés dans leurs prisons. Maillard préside
aux exécutions. Parmi les victimes, on distingue de
Montmorin, Thierry, valet-de-chambre du Roi, les
évêques d'Arles, de Beauvais et de Saintes, la
princesse de Lamballe. Tout le monde sait le dévouement filial de mesdemoiselles Cazotte et Sombreuil. L'abbé Sicart est sauvé par la présence
d'esprit d'un nommé Monnot. Les *bourreaux* ne
sont pas deux cents ; mais les *complices* sont deux
cent mille ! Demain et après les massacres conti-
nueront dans Paris, et dans trois jours les égorgeurs commenceront le tour de France !

4. — Au registre des dépenses de la commune
figure une somme de 1,463 livres affectée au paie-
ment des *travailleurs* de septembre.

10. — A Versailles, 52 prisonniers arrivant d'Or-
léans sont massacrés à leur descente de voiture.
Là périssent Delessart, d'Abancourt et le duc de
Brissac.

15. — Sur la demande de Louis-Philippe-Jo-

seph, prince français, le conseil général arrête :
1° Louis-Philippe-Joseph et sa postérité portera désormais pour nom de famille, *Egalité* ; 2° Le jardin connu jusqu'à présent sous le nom de Palais-Royal, s'appellera désormais jardin de la Révolution ; 3° Louis-Philippe-Joseph *Egalité* est autorisé à faire faire, soit sur les registres publics, soit sur les actes notariés, mention du présent arrêté.

16. — Le garde-meuble est volé, sans qu'on puisse jamais découvrir les vrais coupables.

19. — Adresse de l'Assemblée au peuple pour invoquer l'inviolabilité des opinions, des votes et des députés.
— Suppression de l'ordre de Malte.

21. — La Législative décrète que ses séances sont terminées. La Convention nationale se déclare constituée et ouvre sa session. Les députés, au nombre de 749, siégent aux Tuileries, devenu Palais-National.
— La royauté est abolie.
— La République est proclamée.

22. — L'ère républicaine date de ce jour.

25. — Les Girondins et les Montagnards entrent en lutte. Robespierre et Marat sont accusés de prétendre au Triumvirat et vigoureusement attaqués par Lasource et Merlin de Thionville. L'Assemblée se divise en côté droit et côté gauche : la *Gironde* est à droite, à gauche est la *Montagne*; le centre reçoit le nom de *Plaine*.

29. — Louis XVI est séparé de Marie-Antoinette, et transféré dans la grande tour du Temple.

30. — De Londres, Narbonne l'ex-ministre, accuse Lacroix, girondin, d'avoir reçu de lui-même des sommes considérables.

3 Octobre. — Les forces de la France sont divisées en huit armées : du Nord, des Ardennes, de la Moselle, du Rhin, des Vosges, des Alpes, des Pyrénées, de l'Intérieur.

8. — Les sceaux de l'Etat sont brisés et les ornements de la royauté envoyés à la Monnaie.

9. — Peine de mort contre les émigrés pris les armes à la main.

10. — Les dénominations de Monsieur, Madame, sont remplacées par celles de citoyen, citoyenne.

11. — Garat jeune remplace Danton au ministère de la justice.

12. — Brissot, chef des Girondins est exclu de la société des Jacobins pour avoir traité d'intrigants et de scélérats les membres de la commune et la députation de Paris.

— Dumouriez se rend à Paris. Il présente ses hommages à la Convention. Aux Jacobins, il embrasse Robespierre.

14. — Dans une fête civique, célébrée sur la place de la Révolution, autour d'une statue de la liberté, de nouveaux drapeaux sont distribués aux douze légions de la garde nationale.

15. — Un décret supprime la croix de Saint-Louis.

16. — Dumouriez repart pour l'armée après avoir fait renoncer à l'idée du camp sous Paris.

19. — Napoléon Bonaparte est nommé chef de bataillon d'Artillerie.

23. — Peine de mort contre les émigrés qui rentreraient en France.

24. — Création de 400 millions d'assignats.

5 Novembre. — L'Assemblée passe à l'ordre du jour sur l'accusation de prétendre à la dictature, portée le 19 octobre par Louvet contre Robespierre.

7. — Rapport de Mailhe, au nom du comité de législation, sur ces deux questions : Louis XVI peut-il être jugé? quel tribunal prononcera le jugement? Il conclut qu'il peut être jugé et qu'il doit l'être par la Convention. Ce rapport est traduit dans toutes les langues, imprimé et publié dans toute la France et dans toute l'Europe.

19. La Convention nationale déclare qu'elle accordera secours et fraternité à tous les peuples qui voudront recouvrer leur liberté, et elle charge le pouvoir exécutif de donner des ordres aux généraux des armées françaises, pour secourir les citoyens qui auraient été ou qui seraient vexés pour la cause de la liberté.

3 Décembre. — La discussion sur le rapport de Mailhe a duré 24 jours. Louis XVI sera jugé par la Convention.

4. — Peine de mort contre quiconque proposerait le rétablissement de la royauté, sous quelque dénomination que ce puisse être.

5. — Peine de mort contre les exportateurs de grains.
— De nouvelles pièces sont lues, elles proviennent d'une armoire, dite *l'Armoire de Fer*, découverte dans un mur du château des Tuileries, et renfermant des papiers de nature à alimenter l'accusation. Les preuves de la trahison de Mirabeau sont rencontrées. On va flétrir sa mémoire, quand sur l'intervention de Manuel, l'Assemblée ajourne à plus ample examen et se contente de voiler le buste qui faillit être brisé dans le premier mouvement.

6. — Une commission de vingt-un membres est nommée à l'effet d'accélérer l'instruction du procès.

11. — Louis XVI est introduit à la barre de la Convention. Il est accompagné du maire de Paris, de deux officiers municipaux et des généraux Santerre et Wittengoff. Barrère préside l'Assemblée. L'accusation reproche au monarque déchu : d'avoir attenté à la souveraineté du peuple le 20 juin 1789 ; d'avoir voulu dicter des lois à la nation le 23 juin ; d'avoir suspendu l'exécution des décrets contre les prêtres et les émigrés, et celle du décret concernant le camp sous Paris ; d'avoir gardé les Suisses auprès de lui ; d'avoir permis des orgies où la cocarde tricolore fut foulée aux pieds et la nation blasphémée ; d'avoir reçu et apostillé un mémoire qui lui indiquait les moyens de fuir ; d'avoir soudoyé des libellistes pour discréditer les assignats, et pour soutenir la cause de l'absolutisme ; d'avoir fait passer des sommes considérables aux émigrés ; d'avoir entretenu des intelligences avec ses frères ; d'avoir poussé à la désorganisation de l'armée et à la désertion ; d'avoir chargé ses agents diplomatiques de favoriser la coalition des puissances étrangères contre la France ; d'avoir eu connaissance de divers projets de contre-révolution ; d'avoir cherché à corrompre les députés de la Constituante et de la Législative ; d'avoir enfin fait couler le sang français. Louis XVI nie tout. Quand on lui présente les pièces de la procédure, il n'en reconnaît que quelques-unes, et affirme ne pas avoir eu connaissance de l'armoire de fer.

12. — Un conseil de défense est accordé à l'ex-roi. Il choisit pour défenseurs Turgot et Tronchet. Le premier refuse ; il est remplacé par Lamoignon-Malesherbes.

14. — Nouvelle création de 300 millions d'assignats.

15. Les preuves testimoniales et les vérifications d'écritures par experts ne seront point admises au procès.

16. — Bannissement de la famille des Bourbons, avec réserve d'époque à l'égard du duc d'Orléans.

17. — Desèze, avocat de Bordeaux, est admis comme troisième défenseur de Louis XVI.

19. — Robespierre, dans une discussion sur les causes de nos revers militaires, attaque directement les Girondins et le duc d'Orléans.

26. — Nouvelle comparution de Louis XVI. Desèze porte la parole pendant trois heures. L'accusé prononce avec calme et dignité ces quelques mots : « On vient de vous exposer mes moyens de « défense ; je ne les renouvellerai point ; en vous « parlant peut-être pour la dernière fois, je vous « déclare que ma conscience ne me reproche rien, « et que mes défenseurs vous ont dit la vérité. Je « n'ai jamais craint que ma conduite fût examinée « publiquement ; mais mon cœur est déchiré de « trouver dans l'acte d'accusation l'imputation « d'avoir voulu faire répandre le sang du peuple, « et surtout que les malheurs du 10 août me soient « attribués ! J'avoue que les preuves multipliées « que j'avais données, dans tous les temps, de « mon amour pour le peuple, et la manière dont « je m'étais toujours conduit, me paraissaient de-« voir prouver que je ne craignais pas de m'ex-« poser pour épargner son sang, et éloigner à ja-« mais de moi une pareille imputation. »

27. — Commencement des débats sur le jugement de Louis XVI.

CHAP. II. — LÉGISLATION POLITIQUE.

18 Janvier.	*Politique.*	D.	Amnistie des condamnés politiques depuis le 1er mai 1788.
3 Février.	*Garde nationale.*	D.	Formation, organisation et solde des volontaires.
16 Mars.	*Politique.*	D.	Incompatibilité des fonctions de juré et de celles de député.
18 —	*Garde nationale.*	D.	Deux pièces d'artillerie à chaque bataillon.
4 Avril.	*Politique.*	D.	Moyens d'apaiser les troubles dans les colonies.
8 —	*Politique.*	D.	Biens des émigrés.
15 —	*Impôts.*	D.	Contribution patriotique.
1er Mai.	*Garde nationale.*	D.	Suspension provisoire de son organisation.
6 —	*Garde nationale.*	D.	Formation de trente-un bataillons de volontaires.
18 —	*Garde nationale.*	D.	Relatif aux nouveaux volontaires des départements.
27 —	*Politique.*	D.	Déportation des prêtres insermentés.
8 Juin.	*Élections.*	D.	Mode d'élection des commissaires de police.
17 —	*Garde nationale.*	D.	Le service est personnel.
21 —	*Politique.*	D.	Rassemblements armés.
24 —	*Politique.*	D.	Brûlement des titres de noblesse.
26 —	*Communes.*	D.	Un autel à la patrie dans chaque commune.
8 Juillet.	*Politique.*	D.	Mesures à prendre quand la patrie est en danger.
20 —	*Garde nationale.*	D.	Élection des officiers des états-majors.
21 —	*Communes.*	D.	Celles qui, lors du recrutement, ajouteront à leur contingent.
21 —	*Presse.*	D.	Contre les libellistes.
23 —	*Politique.*	D.	Responsabilité solidaire des ministres.

28	—	*Politique.*	D.	Admission à seize ans aux armées.
3 Août.		*Politique.*	D.	Les piques seront marquées A N (arme nationale).
5	—	*Politique.*	D.	Tout combattant est citoyen actif.
14	—	*Communes.*	D.	Partage des terres des émigrés.
14	—	*Politique.*	D.	Révocation de l'édit de Louis XIII.
17	—	*Politique.*	D.	Suppression sans indemnité des droits féodaux.
21	—	*Presse.*	D.	Poursuites des libelles inciviques.
3 Septembre.		*Politique.*	D.	Sûreté des personnes et des propriétés.
6	—	*Politique.*	D.	Exportation d'or et d'argent prohibée.
7	—	*Élection.*	D.	Élection des juges et suppléants.
11	—	*Presse.*	D.	Abolition de tous procès antérieurs.
14	—	*Communes.*	D.	Droits et propriétés des communes restitués.
15	—	*Politique.*	D.	Pouvoir des commissaires dans les départements.
17	—	*Politique.*	D.	Sûreté des prisonniers.
25	—	*Politique.*	D.	Incompatibilité des fonctions de représentant avec toute autre.
30	—	*Communes.*	D.	Les municipalités chargées de la police générale.
22 Novembre.		*Politique.*	D.	Qui fixe la formule d'exécution des lois.

CHAP. III. — RELATIONS EXTÉRIEURES.

14 JANVIER. — L'empereur Léopold demande un changement dans la Constitution de 1791. Il menace d'un congrès à Aix-la-Chapelle, lequel, appuyé sur une armée formidable, doit dicter des lois à la France et l'envahir au besoin.

7 FÉVRIER. — L'Autriche et la Prusse, par le traité de Berlin, concluent une alliance dans le but de mettre à la raison les turbulents de France et de Pologne. La Russie adhère.

1er MARS. — La mort de Léopold II, dont les intentions personnelles étaient pacifiques, appelle au trône François, roi de Bohême et de Hongrie, prince belliqueux.

11. — La France propose à François Ier une réduction réciproque des troupes à l'état de paix. Le nouvel empereur répond par de nouveaux armements; M. de Cobentzel, au nom de la cour de Vienne, exige le rétablissement de la monarchie française sur les bases fixées par la déclaration royale du 23 juin 1789.

20 AVRIL. — L'Assemblée ordonne la déclaration de guerre.

25. — An IV de la liberté. Déclaration de guerre, de la part du roi des Français, au nom de la Nation.

— La guerre est déclarée au roi de Hongrie et de Bohême.

26. — Un manifeste du roi de Prusse annonce à l'Europe, la première coalition continentale contre la France. Frédéric-Guillaume II insiste dans cette pièce sur le danger de la propagande des idées révolutionnaires.

25 JUILLET. — Louis XVI avait donné à Mallet Dupan la mission de préparer, de concert avec les souverains allemands, un manifeste de nature à rassurer les habitants lors de l'invasion; mais Brunswick et les nobles émigrés ne tiennent aucun compte de cette prière. Peu leur importe les dangers personnels du Roi. Ce qu'ils veulent, c'est châtier l'insolente populace qui, suivant eux, domine dans l'Assemblée, dans les armées, dans le royaume. Ils ont hâte de jeter le gant à la face des rebelles, et publient la fameuse bravade dite Manifeste du duc de Brunswick. Le grand peuple déchire en quatre le royal cartel, et en baptise les morceaux des noms de 10 Août, Valmy, Jemmapes, 21 Janvier.

22 SEPTEMBRE. — Montesquiou est destitué et décrété d'accusation pour avoir compromis la dignité de la France, dans ses négociations avec la Suisse; il émigre.

6 OCTOBRE. — La Suisse est inquiète de notre invasion dans la Savoie. Biron a été obligé d'occuper les gorges de Porentruy. Les cantons de Berne et d'Uri réclament l'évacuation de cette dépendance de Bâle : l'Assemblée nationale refuse.

17. — Berne et Zurich irrités, et poussés par l'aristocratie helvétique, qui reproche aux Français le massacre des Suisses au 10 août, mettent garnison à Genève, au mépris des anciens traités. La Convention ordonne aux généraux de faire évacuer la ville de Genève.

29 NOVEMBRE. — Tandis que les gouvernements d'Italie reconnaissent la République Française, nos victoires amènent la réunion de la Savoie à la France.

15 DÉCEMBRE — La Nation Française déclare qu'elle traitera comme ennemi le peuple qui, refusant la liberté et l'égalité, ou y renonçant, voudrait conserver, rappeler ou traiter avec le prince ou les castes privilégiées; elle promet et s'engage de ne souscrire aucun traité, et de ne poser les armes qu'après l'affermissement de la souveraineté et de l'indépendance du peuple sur le territoire duquel les troupes de la République seront entrées, et qui aura adopté les principes de l'égalité, et établi un gouvernement libre et populaire.

31. — L'Angleterre refuse de reconnaître Chauvelin en qualité de ministre de la République Française.

CHAP. IV. — FAITS D'ARMES.

11 Janvier. — De Dunkerque à Besançon l'armée présente une masse de 240 bataillons et 160 escadrons ; artillerie pour 200 mille hommes ; approvisionnements pour six mois.

28. Avril. — Armée du Nord. Notre premier combat est une défaite. Biron sort de Valenciennes, s'empare de Quiévrain. Soudain deux régiments de dragons prennent la fuite en criant : Nous sommes trahis ! et Quiévrain est abandonné. Théodebald Dillon s'avance sur Tournay. Son corps d'armée est mis en déroute ; lui et Berthois sont massacrés par les soldats qui crient à la trahison. Cinq cents hommes tués ou blessés.

22 Août. — Après un bombardement de quelques heures, Longwy ouvre ses portes aux Prussiens. Ceux-ci le prennent, bloquent Thionville et s'avancent sur Verdun.

2 Septembre. — Reddition de Verdun, assiégé par les Prussiens.

— L'armée coalisée commandée par Clerfayt occupe Stenay. Le général français Miaczinski force les Prussiens à repasser la Meuse. Dumouriez arrive à Beffu et se dirige sur le défilé de Grand-Pré. Arthur Dillon est à Pierremout, s'approcha t du défilé des Islettes.

3. — Dumouriez s'empare de Grand-Pré.

4. — Dillon s'empare des Islettes. Kellermann, général de l'armée du centre, part de Metz pour rejoindre Dumouriez.

5. — Dumouriez fait occuper les défilés de la forêt d'Argonne, position d'où dépend le sort de la bataille prochaine.

13. — L'ennemi s'étant emparé de l'un des défilés de l'Argonne, le général Chasot l'en chasse. Le prince de Ligne est tué. Par une fausse manœuvre du général Dubouquet, posté au défilé du Chêne-Populeux, les Prussiens reprennent et franchissent l'Argonne. Ainsi se trouve anéanti le résultat de la savante combinaison de Dumouriez.

16. — Dumouriez bat en retraite sur Sainte-Menehould ; il traverse l'Aisne et s'arrête sur les hauteurs d'Hautry. Les fuyards sont si nombreux que sans le général Miranda, placé à l'arrière-garde, tout était perdu. Quinze cents fuyards néanmoins vont répandre l'alarme dans Paris et la France.

19. — Dumouriez mande à Kellermann que, dans le cas d'une bataille, il ait à occuper Valmy.

20. — Bataille de Valmy. Le moulin de Valmy vivement défendu résiste aux Prussiens ; un obus le fait sauter. Kellermann ordonne de marcher à la baïonnette, au cri de *vive la nation* ! Plus de vingt mille coups de canon sont tirés ; chaque armée perd près de mille hommes, mais pour la première fois, et en bataille rangée, la *victoire est à nous !* Et pourtant les émigrés avaient dit au roi de Prusse : Vous n'aurez pas à combattre ; cette armée est un ramas de savetiers et de perruquiers qu'il sera facile de ramener à Paris à coups de cravaches ! Il paraît que l'émigration était mal renseignée.

27. — Custine entre à Francfort-sur-le-Mein et lève une contribution de guerre.

28. — Le général Montesquiou, chef de l'armée du Midi, entre triomphalement à Chambéry, tandis que le général Anselme occupe Nice et que l'amiral Truguet amène la reddition de Villefranche.

29. — Commencement du bombardement de Lille par le duc Albert de Saxe Teschen. Cette inutile cruauté des Autrichiens servit à mettre en relief l'héroïsme des Lillois. Cent mille projectiles lancés, sept cents maisons détruites attestent le patriotisme des assiégés. Un décret de la Convention déclare qu'ils ont bien mérité de la patrie, et le nom de Lille sera donné à l'une des rues de Paris.

30. — Custine occupe Spire sans rencontrer de résistance.

1er Octobre. — La disette et la dyssenterie forcent les Prussiens à se retirer. Malheureusement, le peu d'entente des généraux français ne permet de poursuivre l'ennemi que mollement.

5. — Worms tombe au pouvoir des Français.

8. — Les généraux Labourdonnaie et Beurnonville sont accourus au secours de Lille, et les Autrichiens sont obligés de quitter la place.

14. — Verdun est délivré des Prussiens.

21. — Mayence ouvre ses portes à Custine : la garnison allemande met bas les armes.

22. — L'évacuation de Longwy par les Prussiens purge le sol français de la présence des étrangers.

3 Novembre. — Attaque infructueuse du moulin de Boussu par Beurnonville.

6.—Bataille de Jemmappes. Trois villages, Jemmapes, Cuesmes et Berthaimont, sur les hauteurs en avant de Mons, sont occupés par les Autrichiens et fortifiés. Clerfayt campe à Jemmapes, protégé par quatorze redoutes disposées en étages et vingt mille hommes. Les généraux d'Harville, Beurnonville, de Chartres, et Ferrand, manœuvrent sous le commandement de Dumouriez. Le champ de bataille présente soixante mille hommes et cent bouches à feu. Pendant le combat, une brigade chancèle, et compromet le succès.... Baptiste Renard, domestique de Dumouriez, rallie les soldats et les conduit au fort du danger. Le jeune duc de Chartres en fait autant de son côté. La Marseillaise, hymne républicain composé par Rouget de Lisle, entonné à diverses reprises par Dumourier, contribue au succès de la journée. Les Autrichiens abandonnent le terrain et nous laissent quinze cents prisonniers. Les neuf mille tués et blessés appartiennent en nombre égal aux deux camps. La bataille de Jemmapes donne aux Français la clef de la Belgique.

13. — Labourdonnaie s'empare d'Anvers, dans le temps que Stengel prend Malines.

14. — Après une simple escarmouche d'avant-garde, Dumouriez entre dans Bruxelles.

22. — A Tirlemont, Dumouriez ayant rejoint les Autrichiens en tue trois à quatre cents.

27. — Devant Liège, combat de Varaux, où le général autrichien Staray reçoit une blessure mortelle.

28. — Dumouriez fait une entrée triomphale et populaire dans Liège.

29. — Miranda, successeur de Labourdonnaie, prend la citadelle d'Anvers.

2 Décembre. — Occupation de Namur par le général Valence. En revanche tentative infructueuse de Beurnonville sur Trèves, et bientôt Custine est obligé d'abandonner Francfort.

CHAP. V. — GALERIE RÉVOLUTIONNAIRE.

214. Albitte, conventionnel.
215. Alexandre, commandant populaire du faub. Saint-Marceau.
216. Barbaroux, conventionnel.
217. Barras, conventionnel.
218. Bazire, conventionnel.
219. Beurnonville, ministre de la guerre.
220. Billault-Varennes, conventionnel.
221. Brissac (de), duc, commandant de la garde du Roi.
222. Cambacérès, conventionnel.
223. Cambon, conventionnel.
224. Carrier, conventionnel.
225. Cavaignac, conventionnel.
226. Cazotte (Élisabeth).
227. Chabot, conventionnel.
228. Clavières, ministre des finances.
229. Cléry, valet-de-chambre du Roi.
230. Couthon, conventionnel.
231. David, le peintre, conventionnel.
232. Dillon (Arthur), général.
233. Dillon (Théodebald), général.
234. Dubouchage, ministre de la marine.
235. Dumouriez, général.
236. Durler, officier suisse.
237. Fabre d'Églantine, conventionnel.
238. Féraud, conventionnel.
239. Fouché, conventionnel.
240. Fournier, l'américain, chef populaire.
241. Gorsas, conventionnel.
242. Guadet, conventionnel.
243. Hébert, rédacteur du *Père Duchêne.*
244. Hérault de Séchelles, conventionnel.
245. Huguenin, orateur du peuple.
246. Jean-Bon-Saint-André, conventionnel.
247. Kellermann, général.
248. Kersaint, conventionnel.

249. Labourdonnaie, général.
250. Lamballe (Louise de Savoie, princesse de).
251. Lassource, conventionnel.
252. Lebas, conventionnel.
253. Lebrun, ministre des affaires étrangères.
254. Legendre, boucher, conventionnel.
255. Léonard-Bourdon, conventionnel.
256. Lukner, maréchal, commandant l'armée de l'Est.
257. Mailhe (Jean), conventionnel.
258. Malesherbes, défenseur de Louis XVI.
259. Mandat, chef de la garde nationale.
260. Merlin de Thionville, conventionnel.
261. Miaczinski, général.
262. Monge, ministre de la marine.
263. Monnot, sauveur de l'abbé Sicard.
264. Pache, ministre de la guerre.
265. Panis, conventionnel.
266. Prieur (de la Côte-d'Or), conventionnel.
267. Quinette, conventionnel.
268. Renard (Baptiste), domestique de Dumouriez.
269. Rochambeau, maréchal, chef de l'armée du Nord.
270. Roland, ministre de l'intérieur.
271. Roland (madame).
272. Rossignol, compagnon orfèvre, chef populaire.
273. Saint-Just, conventionnel.
274. Sicard (l'abbé), prisonnier à l'Abbaye.
275. Simonneau, maire d'Étampes.
276. Stengel, général.
277. Tallien, conventionnel.
278. Thierry, valet de-chambre du Roi.
279. Valazé, conventionnel.
280. Valence, général.
281. Westermann, chef des insurgés au 10 août.

CHAP. VI. — NÉCROLOGIE.

29 JUILLET. — Mort du chancelier *Maupeou* (René-Nicolas-Charles-Auguste de.) Dans la lutte que les parlements soutinrent contre la cour, en 1770, à l'occasion du procès fait au duc d'Aiguillon, Maupeou prit parti pour le Roi. Le parlement ayant été dissous de fait, une cour judiciaire fut formée pour fonctionner en son lieu et place. Maupeou fut chargé de l'installation de ce pouvoir arbitraire, devant lequel les avocats refusaient de plaider, et que le peuple chansonna sous le sobriquet de *parlement-Maupeou.* A l'instar de tous les serviteurs zélés, Maupeou subit *les rigueurs* de l'exil. Forcé de se retirer à Thuit, près les Andelys, il y mourut en paix et parfaitement ignoré, à l'âge de 78 ans. Malgré sa complicité dans les mesures despotiques de Louis XV, on lui doit l'initiative de quelques réformes utiles.

25 SEPTEMBRE. — *Exécution de Cazotte.* Successivement contrôleur à la Martinique, commissaire général de marine, Cazotte trouva le temps de sacrifier aux muses. Il composa *Olivier*, quelques romances gracieuses, un poëme épique et un charmant recueil de fables. La révolution arrive. Cazotte se range parmi ses ennemis. Au 10 août sa correspondance est saisie. Lui et sa fille Elisabeth, âgée de 16 à 17 ans, sont arrêtés et conduits à l'Abbaye. Tout le monde sait comment le 2 septembre, le vieillard de 72 ans fut enlevé aux égorgeurs, grâce à un sublime élan de dévouement filial. « Non, non, s'écriait Elisabeth, vous « n'arriverez au cœur de mon père qu'après avoir « percé le mien ! » Dévouement inutile ! Vingt-trois jours après, Cazotte, arrêté de nouveau le 12, comparaissait devant le tribunal révolutionnaire. « Pourquoi, dit l'accusateur public, faut-il que « j'aie à vous trouver coupable après 72 ans de « vertu ? Il ne suffit pas d'être bon fils, bon époux, « bon père, il faut encore être bon citoyen. »

CHAP. VII. — JALONS DE L'HISTOIRE.

7 *Février.*	Traité de Berlin.	2 *Septembre.*	Massacre des prisons.
19 *Mars.*	Adoption du bonnet rouge.	15 —	*Egalité*, nom de famille des d'Orléans.
15 *Avril.*	Fête de la Liberté.		
20 —	La guerre est résolue et déclarée.	20 —	Bataille de Valmy.
28 —	Commencement des hostilités.	21 —	Convention nationale.
29 *Mai.*	Licenciement de la garde royale.	22 —	Premier jour de l'ère républicaine.
10 *Juin.*	Lettre de Roland au Roi.	29 —	Bombardement de Lille.
20 —	Invasion des Tuileries.	6 *Novembre.*	Bataille de Jemmapes.
7 *Juillet.*	Baiser Lamourette.	7 —	Rapport de Mailhe.
11 —	Citoyens! la patrie est en danger !	14 —	Prise de Bruxelles.
25 —	Manifeste du duc de Brunswick.	29 —	Réunion de la Savoie à la France.
3 *Août.*	Pétion demande la déchéance.	2 *Décembre.*	Revers successifs.
10 —	Prise des Tuileries.	11 —	Acte d'accusation lu à Louis XVI.
17 —	Création d'un tribunal extraordinaire.	15 —	La guerre de propagande est décrétée.
30 —	La famille royale au Temple.		

CHAP. VIII. — CITATIONS HISTORIQUES.

Bertrand de Molleville raconte ainsi, dans ses mémoires, la dernière visite du duc d'Orléans à la cour :

« Je rendis compte au conseil de la visite que le duc d'Orléans m'avait faite, et de notre conversation. Le Roi se détermina à le recevoir, et eut avec lui le lendemain une entrevue de plus d'une demi-heure, dont Sa Majesté nous parut avoir été très-contente. « Je crois, comme vous, me dit le Roi, « qu'il revient de très-bonne foi, et qu'il fera tout « ce qui dépendra de lui pour réparer le mal qu'il « a fait, et auquel il est possible qu'il n'ait pas eu « autant de part que nous l'avons cru. »

« Le dimanche suivant il vint au lever du Roi, où il reçut l'accueil le plus humiliant des courtisans, qui ignoraient ce qui s'était passé, et des royalistes, qui avaient l'habitude de se rendre en foule au château ce jour-là (1er janvier), pour faire leur cour à la famille royale. On se pressa autour de lui, on affecta de lui marcher sur les pieds et de le pousser vers la porte, de manière de l'empêcher de rentrer. Il descendit chez la reine, où le couvert était déjà mis; aussitôt qu'il y parut, on s'écria de toutes part : *Messieurs, prenez garde aux plats !* comme si l'on eût été assuré qu'il avait les poches pleines de poison.

« Les murmures insultants qu'excitait partout sa présence, le forcèrent à se retirer sans avoir vu la famille royale. On le pourchassa jusqu'à l'escalier de la reine ; et en descendant il reçut un crachat sur la tête et quelques autres sur son habit. On voyait la rage et le dépit peints sur sa figure ;

il sortit du château, convaincu que les instigateurs des outrages qu'il avait reçus étaient le roi et la reine, qui ne s'en doutaient pas, et qui en furent très-fâchés. Il leur jura une haine implacable, et il ne s'est montré que trop fidèle à cet horrible serment. J'étais au château ce jour-là, et je fus témoin de tous les faits que je viens de rapporter. »

Le soir du 20 juin, plusieurs députés viennent visiter la famille royale. Merlin de Thionville, témoin des douleurs de la reine, a les larmes aux yeux. — « Vous pleurez, lui dit-elle ! — Oui, « madame, répondit-il ; je pleure sur une *femme*, « jeune, belle, sensible, malheureuse, sur une « mère de famille désespérée... mais ne vous y « méprenez pas, il n'y a pas une de mes larmes « pour le roi ni la reine. »

Marie-Antoinette dit un jour à Dumouriez : « Vous me voyez désolée ; je n'ose pas me mettre « à la fenêtre du côté du jardin. Hier au soir, pour « prendre l'air, je me suis montrée à la fenêtre de « la cour ; un canonnier de garde m'a apostrophée « d'une injure grossière, en ajoutant : Que j'aurais de « plaisir à voir ta tête au bout de ma baïonnette ! « Dans cet affreux jardin, d'un côté on voit un « homme monté sur une chaise, lisant à haute « voix des horreurs contre nous ; d'un autre, c'est « un militaire ou un abbé qu'on traîne dans un « bassin, en l'accablant d'injures et de coups ; « pendant ce temps-là d'autres jouent au ballon, « ou se promènent tranquillement. Quel séjour ! « quel peuple ! »

(Mémoires de Dumouriez.)

Les salons de Paris en 1792. Ces salons si brillants, où les hommes célèbres jouissaient autrefois de la gloire, où, pendant tout le dernier siècle, on avait écouté et applaudi Voltaire, Diderot, d'Alembert, Rousseau, ces salons n'existaient plus. Il restait la société simple et choisie de madame Roland, où se réunissaient tous les Girondins, le beau Barbaroux, le spirituel Louvet, le brave Buzot, le brillant Guadet, l'entraînant Vergniaud, et où régnaient encore une langue pure, des entretiens pleins d'intérêt et des mœurs élégantes et polies. Les ministres s'y réunissaient deux fois la semaine, et on y faisait un repas composé d'un seul service. Telle était la nouvelle société républicaine, qui joignait aux grâces de l'ancienne France le sérieux de la nouvelle, et qui allait bientôt disparaître devant la grossièreté démagogique.

(Thiers, Révolution Française.)

Marat passait une partie de sa vie à recueillir des bruits, à les répandre dans sa feuille, et à parcourir les bureaux pour y redresser les torts des administrateurs envers le peuple. Faisant au public la confidence de sa vie, il disait un jour dans l'un de ses numéros, que ses occupations étaient accablantes, que sur les vingt-quatre heures de la journée, il n'en donnait que deux au sommeil, et une seule à la table et aux soins domestiques ; qu'en outre des heures consacrées à ses devoirs de député, il en employait régulièrement six à recueillir et à faire valoir les plaintes d'une foule de malheureux et d'opprimés ; qu'il consacrait les heures restantes à lire une multitude de lettres et à y répondre, à écrire ses observations sur les événements, à recevoir des dénonciations, à s'assurer de la véracité des dénonciateurs, enfin à faire sa feuille, et à veiller à l'impression d'un grand ouvrage. Depuis trois années il n'avait pas pris, disait-il, un quart d'heure de récréation ; et on tremble en se figurant ce que peut produire dans une révolution une intelligence aussi désordonnée servie par cette activité dévorante.

(Thiers, Révolution Française.)

A la Force, à Bicêtre, à l'Abbaye, les massacres se prolongèrent plus qu'ailleurs. C'était à la Force que se trouvait l'infortunée princesse Lamballe, qui avait été célèbre à la cour par sa beauté et par ses liaisons avec la reine. On la conduit mourante au terrible guichet. « Qui êtes-vous ? lui « demandent les bourreaux en écharpe. — Louise « de Savoie, princesse de Lamballe. — Quel était « votre rôle à la cour ? Connaissez-vous les com« plots du château ? — Je n'ai connu aucun com« plot. — Faites serment d'aimer la liberté et l'é« galité : faites serment de haïr le roi, la reine et « la royauté. — Je ferai le premier serment ; je ne « puis faire le second, il n'est pas dans mon « cœur. »

« Jurez donc ! » lui dit un des assistants qui voulait la sauver. Mais l'infortunée ne voyait et n'entendait plus rien. « Qu'on élargisse madame, dit le chef du guichet. » Ici, comme à l'Abbaye, on avait imaginé un mot pour servir de signal de mort. On emmène cette femme infortunée, qu'on n'avait pas, disent quelques narrateurs, l'intention de livrer à la mort, et qu'on voulait en effet élargir. Cependant elle est reçue à la porte par des furieux avides de carnage. Un premier coup de sabre porté sur le derrière de sa tête fait jaillir son sang. Elle s'avance encore, soutenue par deux hommes qui peut-être voulaient la sauver ; mais elle tombe à quelques pas plus loin sous un dernier coup. Son beau corps est déchiré. Les assassins l'outragent, le mutilent et s'en partagent les lambeaux. Sa tête, son cœur, d'autres parties du cadavre, portées au bout d'une pique, sont promenés dans Paris. Il faut, disent ces hommes dans leur langage atroce, les porter au pied du trône. On court au Temple, et l'on éveille avec des cris affreux les infortunés prisonniers, qui demandent avec effroi ce que c'est. Les officiers municipaux s'opposent à ce qu'ils voient l'horrible cortège passer sous leur fenêtre, et la tête sanglante qu'on y élevait au bout d'une pique. Un garde national dit à la reine : c'est la tête Lamballe qu'on veut vous empêcher de voir. A ces mots, la reine s'évanouit. Madame Elisabeth, le Roi, le valet-de-chambre

Cléry, emportent cette princesse infortunée, et les cris de la troupe féroce retentissent longtemps encore autour des murs du Temple.

(Thiers, Révolution Française.)

Les égorgeurs se succèdent du tribunal dans les guichets, et sont tour à tour juges et bourreaux. En même temps ils boivent, et déposent sur une table leurs verres empreints de sang. Au milieu de ce carnage, ils épargnent cependant quelques victimes, et éprouvent, en les rendant à la vie, une joie inconcevable. Un jeune homme, réclamé par une section , et déclaré pur d'aristocratie, est acquitté aux cris de *Vive la nation!* et porté en triomphe sur les bras sanglants des exécuteurs. Le vénérable Sombreuil, gouverneur des Invalides, est amené à son tour, et condamné à être transféré à la Force. Sa fille l'a aperçu du milieu de la prison ; elle s'élance au travers des piques et des sabres, serre son père dans ses bras, s'attache à lui avec tant de larmes et un accent si déchirant, que leur fureur étonnée est suspendue. Alors, comme pour mettre à une nouvelle épreuve cette sensibilité qui les touche : Bois , disent-ils à cette fille généreuse, bois du sang des aristocrates, et ils lui présentent un vase plein de sang : elle boit, et son père est sauvé. La fille de Cazotte est parvenue aussi à envelopper son père dans ses bras ; elle a prié comme la généreuse Sombreuil, a été irrésistible comme elle, et , plus heureuse, a obtenu le salut de son père , sans qu'un prix horrible ait été imposé à son amour. Des larmes coulent des yeux de ces hommes féroces ; et ils reviennent encore demander des victimes! L'un d'entre eux retourne dans la prison pour conduire des prisonniers à la mort ; il apprend que les malheureux qu'il venait égorger ont manqué d'eau pendant vingt-deux heures, et il veut aller tuer le geôlier. Un autre s'intéresse à un prisonnier qu'il traduit au guichet, parce qu'il lui a entendu parler la langue de son pays. « Pourquoi es-tu ici? dit-il à M. Journiac de « Saint-Méard. Si tu n' s pas un traître , le président, qui n'est pas un sot , saura te rendre justice. Ne tremble pas, et réponds bien. » M. de Journiac est présenté à Maillard , qui regarde l'écrou. « Ah ! dit Maillard, c'est vous, monsieur « Journiac qui écriviez dans le Journal de la cour « et de la ville? — Non , répond le prisonnier, « c'est une calomnie ; je n'y ai jamais écrit. — « Prenez garde de nous tromper, reprend Maillart, « car tout mensonge est ici puni de mort. Ne vous « êtes-vous pas récemment absenté pour aller à « l'armée des émigrés? — C'est encore une calomnie ; j'ai un certificat attestant que, depuis vingt-« trois mois, je n'ai pas quitté Paris. — De qui est « le certificat? la signature en est-elle authentique? » Heureusement pour M. de Journiac, il y avait dans le sanguinaire auditoire un homme auquel le signataire du certificat était personnellement connu. La signature est en effet vérifiée et déclarée véritable. « Vous le voyez donc, reprend « M. de Journiac, on m'a calomnié. — Si le calomniateur était ici, reprend Maillard, une jus-

« tice terrible en serait faite. Mais répondez, n'a-« vait-on aucun motif de vous enfermer ? — Oui ; « reprend M. de Journiac, j'étais connu pour aristocrate. — Aristocrate! — Oui, aristocrate ; mais « vous n'êtes pas ici pour juger les opinions ; vous « ne devez juger que la conduite. La mienne est « sans reproche ; je n'ai jamais conspiré ; mes soldats, dans le régiment que je commandais, m'adoraient, et ils me chargèrent à Nancy d'aller « m'emparer de Malseigne. » Frappés de tant de fermeté , les juges se regardent, et Maillard donne le signal de grâce. Aussitôt les cris de *Vive la nation!* retentissent de toutes parts. Le prisonnier est embrassé. Deux individus s'emparent de lui, et, le couvrant de leurs bras, le font passer sain et sauf à travers la haie menaçante des piques et des sabres. M. de Journiac veut leur donner de l'argent, mais ils refusent , et ne demandent qu'à l'embrasser. Un autre prisonnier, sauvé de même , est reconduit chez lui avec le même empressement. Les exécuteurs , tout sanglants , demandent à être témoins de la joie de sa famille, et immédiatement après, ils retournent au carnage. Dans cet état convulsif, toutes les émotions se succèdent dans le cœur de l'homme. Tour à tour animal doux et féroce, il pleure ou égorge. Plongé dans le sang, il est tout à coup touché par un beau dévouement, par une noble fermeté ; il est sensible à l'honneur de paraître juste, à la vanité de paraître probe ou désintéressé. Si, dans ces déplorables journées de septembre , on vit quelques-uns de ces sauvages devenus meurtriers et voleurs à la fois, on en vit aussi qui venaient déposer sur le bureau du comité de l'Abbaye les bijoux sanglants trouvés sur les prisonniers.

(Thiers, Révolution Française.)

L'histoire des rois est le martyrologe des nations.

(GRÉGOIRE.)

Vers la fin de 1792 , l'opinion en fermentation formait tous ses projets et rendait tous ses arrêts aux Jacobins. S'agissait-il d'une loi importante, d'une haute question politique , d'une grande mesure révolutionnaire , les Jacobins, toujours plus prompts, se hâtaient d'ouvrir la discussion et de donner leur avis. Immédiatement après, ils se répandaient dans la commune, dans les sections, ils écrivaient à tous les clubs affiliés; et l'opinion qu'ils avaient émise , le vœu qu'ils avaient formé, revenaient sous forme d'adresse de tous les points de la France, et sous forme de pétition armée, de tous les quartiers de Paris. Lorsque, dans les conseils municipaux, dans les sections et dans toutes les assemblées revêtues d'une autorité quelconque, on hésitait encore sur une question , par un dernier respect de la législation, les Jacobins, qui s'estimaient aussi libres que la pensée , la tranchaient hardiment, et toute insurrection était proposée chez eux longtemps à l'avance. Ils avaient pendant tout un mois, délibéré sur celle du 10 août. Outre cette initiative dans chaque question , ils s'arrogeaient encore, dans tous les détails du gouvernement, une inquisition inexorable. Un ministre, un chef de bureau, un fournisseur étaient-ils accusés, des commissaires partaient des Jacobins, se faisaient ouvrir les bureaux, et demandaient des comptes rigoureux, qu'on leur rendait sans hauteur, sans dédain, sans impatience. Tout citoyen qui croyait avoir à se plaindre d'un acte quelconque, n'avait qu'à se présenter à la société, et il y trouvait des défenseurs officieux pour lui faire rendre justice. Un jour, c'étaient des soldats qui se plaignaient de leurs officiers, des ouvriers de leurs entrepreneurs; un autre jour, on voyait une actrice réclamer contre son directeur; une fois même un jacobin vint demander réparation de l'adultère commis avec sa femme par l'un de ses collègues.

(Thiers, Révolution Française.)

Fayettistes, feuillants ou modérés, termes équivalents pour désigner, dans le vocabulaire patriotique de **1792**, ceux des royalistes qui avaient adhéré de bonne foi, mais sans vues ultérieures, à la déclaration constitutionnelle de **1791**. Les événements qui suivirent l'insurrection de Paris ayant ébranlé la monarchie et séparé ses intérêts des intérêts de la révolution, compromirent la chimère de ces gentilshommes libéraux, auxquels s'étaient ralliés quelques bourgeois de familles parlementaires. En opposition à la société des Amis de la Constitution, séant aux Jacobins, ils constituèrent le club des Feuillants. Lafayette et Bailly, celui-ci maire de Paris, celui-là commandant de la garde nationale parisienne, dirigeaient ce club, qui, dépourvu de toute influence sur l'Assemblée représentative, mal vu par le peuple, suspect à la cour, contraria, mais ne put arrêter la propagande démocratique, conseilla, mais ne put convaincre la majorité du parti royaliste, obstinée dans ses mauvais desseins.

(Dictionnaire Politique.)

Un soir, aux Jacobins, Dumouriez était à la tribune, il remerciait l'Assemblée de la sympathie qu'elle lui avait témoignée, et reconnaissant qu'il lui devait sa place de ministre, il prenait vis-à-vis d'elle l'engagement de ne rien faire d'important sans l'avoir préalablement consultée. Robespierre, indigné de cette hypocrisie, demande aussitôt la parole pour une motion d'ordre, et monte à la tribune; il avait la tête découverte. Un membre de l'Assemblée trouvant sans doute ce manquement peu convenable, prend un bonnet rouge, le place sur la tête de Robespierre. Mais celui-ci, saisissant la coiffure sacramentelle, la lance vivement au milieu de la salle. Il y eut alors un frémissement terrible, et je crus avec tout le monde que c'en était fait de Robespierre. Mais chacun avait pour lui une si grande estime que personne ne dit mot, et Robespierre continua son discours.

(Dictionnaire Politique.)

Le costume des républicains était ainsi composé: un habit veste, un large pantalon, un bonnet de police ou un bonnet rouge. Ce vêtement tira son nom d'une chanson révolutionnaire ordinairement chantée par ceux qui le portaient, et s'appela *carmagnole*.

Le premier, le plus célèbre de tous les chants civiques est la Marseillaise. Aucun n'a exercé une plus irrésistible puissance : aucun n'a eu une plus vaste, une plus miraculeuse destinée. « Citoyens, « la patrie est en danger, » dit un jour le gouvernement républicain. « Allons, enfants de la patrie, « le jour de gloire est arrivé.... Aux armes « citoyens! » crie la chanson. Y eût-il jamais appel plus hautement proclamé et plus religieusement écouté?

CHAP. IX. — RÉSUMÉ.

L'attitude des puissances de l'Europe, engagées dans les plans de l'émigration; les injonctions des souverains à la France, la menace de Brunswick, annoncent aux révolutionnaires français le sort qui les attend. Le triomphe de la réaction absolutiste serait leur arrêt de mort. Pour eux l'alternative est suprême: Vaincre ou périr! Et vaincre ou périr est aussi la nécessité de la cour.

Le peuple attend, prêt à se défendre ou à se venger.

Le Roi refuse la sanction à deux décrets d'urgence : le peuple court aux Tuileries et place le bonnet rouge sur la tête du monarque....

Le Roi, prisonnier de fait, en appelle à la protection des siens; il s'apprête à résister à une attaque possible : le peuple combat les serviteurs, et le Roi s'enfuit de son palais... .

La Vendée se lève.... L'étranger s'approche.

L'ennemi est à Longwy.... à Verdun.... la terreur est dans le camp des patriotes. Les patriotes renvoient la terreur au camp des royalistes. Les nobles, les prêtres tombent.... et les massacreurs de septembre, flétris par l'histoire, invoquent la loi de salut public. Une trombe de sang pouvait-elle donc seule opposer une digue à l'invasion étrangère ?..... Un changement soudain s'opère sur les champs de bataille. Aux cris de trahison succèdent les chants de victoire. Valmy sonne la retraite des Prussiens. Jemmapes nous ouvre les portes de la Belgique.

Le génie révolutionnaire crée huit armées : aux vieilles moustaches de l'Autriche, aux soldats de Frédéric-le-Grand, la France oppose ses sans-culottes et.... la Marseillaise !.... Seule contre toute l'Europe coalisée, la République ne reculera pas, dût-elle s'appeler la Terreur !.....

CONDITIONS DE LA SOUSCRIPTION.

L'Ouvrage complet formera un volume grand in-8 jésus de **1,000** pages, à deux colonnes.

Le volume est divisé en 60 livraisons.

Chaque livraison renferme l'histoire complète d'une année.

Une livraison tous les douze jours, la première a paru le 1er juin 1848.

Il suffira de souscrire à dix livraisons, sans rien payer d'avance, pour recevoir à domicile.

Prix de la livraison : 40 centimes.

Paris. — Imp. Lacrampe et Fertiaux, rue Damiette, 2.